AF537870

Werner Spies

Max Ernst

und die Geburt des Surrealismus

Werner Spies

Max Ernst

und die Geburt des Surrealismus

C.H.Beck

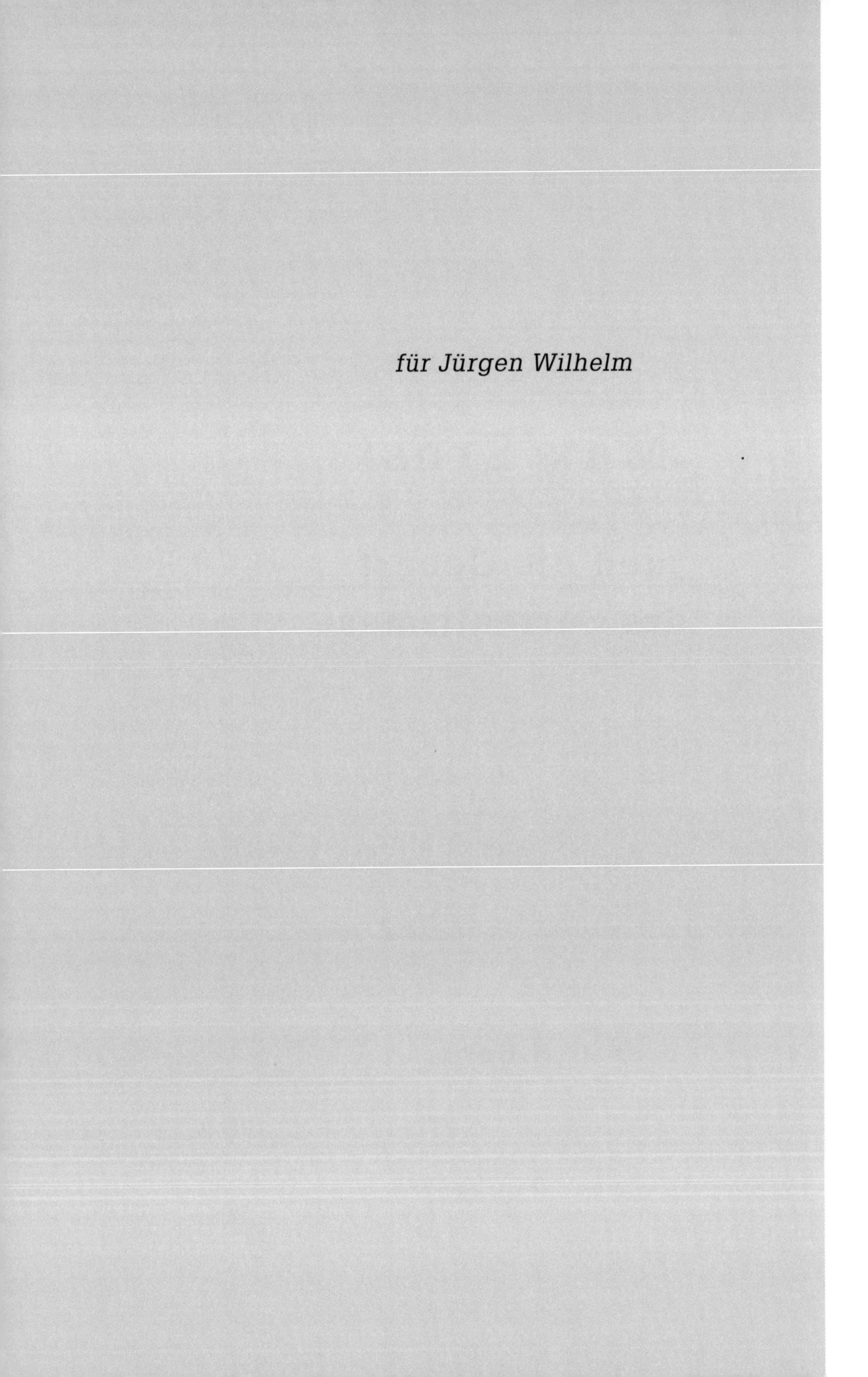

für Jürgen Wilhelm

«Das Ganze erscheint zwar sinnlos,
aber in seiner Art abgeschlossen.»

Kafka (*Die Sorge des Hausvaters*)

Inhalt

Einleitung:

Die Menschen werden nichts davon wissen

13

Mit Beckett bei Max Ernst

17

Die Epiphanie – Der Blick in das Schaufenster 19

Der Aufstand gegen das Zuviel 22

Becketts Blätter der Schere 24

Leimbereitung aus Knochen

27

Lessing, *Der Sandmann*, *Metropolis*
und «Das Unheimliche» 27

Strahlentierchen und Schnitte durch Adern 30

Duchamps viszeraler Kubismus 31
Kunstformen der Natur, medizinisches Reimlexikon 33
Im Sprechzimmer Sigmund Freuds –
André Bretons Illusion 36
Lessings Klage und Max Ernsts Kritik am
«Schöpfungsmythos» 39
Zwischen Kunst und Literatur 42
Im Unterholz der Illustrationen 44
Das Veraltete, Außerkursgesetzte 47
«Geschmack-lose» Bildquellen 48
Kombinatorik von Reproduktion 49

Max Ernst und die Totalcollage

53

Der Sängerkrieg in Tirol 53
Von der Collage zum Gemälde – Die Verwendung
des Episkops 56
Collage und «meisterhafte Strichführung» 58
Totalcollage und «Diathermie-Behandlung» 62
«Schützengrabenkrankheiten» und klaustrophobe
Kriegsbilder 67

«Mephistophelische Bilder»

71

Dilettantismus als Strategie – «Der Weg ins Freie» 71

Gala und Paul Eluard bei Max Ernst in Köln 73

Elefant Celebes und Picassos Entwürfe für Monumentalskulpturen 76

Seestück, Sandwüste Dalís und Thomas Coles *Pokal des Riesen* 79

«Augenvokale» Galas – Elektrokardiogramm einer Passion 82

Verkehrte Welt und Betäubung der Realität 86

Die Sorge des Hausvaters, Kafka, Labyrinth und Dripping 89

Stricknadel, *L'autoritaire*, Nessusgewand, Deianira 92

Gegen die Obduktion von Collagen 96

Studium und psychopathologische Kunst 98

Die heilige Cäcilie

101

«Das Glück des Bösen und das Unglück der Tugend» 101

Steinerne Augäpfel und Klimts *Fritza Riedler* 104

Fluchtpunkt des Unerklärlichen 106

Das Bombardement der Kathedrale von Reims –
das Ende des Kubismus 109

Oedipus Rex

113

Das Bild und der datierte Hühnerfuß 116
Ein Zaubertrick – die magnetische Nuss 119
Brieftauben und Verweigerung der Fingerfertigkeit 123
Blindheit, Schärfung des Blicks –
E.T.A. Hoffmann, Buñuel 125
«Darwinfinken» und Fluchtweg aus der Erinnerung 130

Das Jahr `55, sehr sanftes Erdbeben

133

Engerling und durchwühlte Erde, Erdbeben
und Magnetfelder 133
Apokalyptische Vision und Claude Lévi-Strauss 138

Ubu Imperator

143

Castor und Pollution

147

Die Menschen werden nichts davon wissen

155

Hand – Geste der *Venus Pudica* 157

Die schwankende Frau

161

Öl auf Wogen: Die Vorlagen aus «La Nature»

161

Previtalis *Fortuna* und die flatterhafte Frau 166

Härte des Metalls, Überschärfe 170

Ungemalte Bilder 173

Rendezvous der Freunde

177

Raffaels *Disputà* und der Taubstummenlehrer Philipp Ernst 180

Warteschlange vor dem Parnass 186

Max Ernst auf dem Schoß von Dostojewski 188

Fürst Myschkins Schock vor einem Schaufenster
am Bahnhof von Zarskoje-Selo ____ 190
De Chirico als Säule – die Gesten Arps und Bretons ____ 192
Possenspiel und Erhabenheit ____ 193

Convolvulus Convolvulus
195

Schluss: Das Konzept der «konvulsivischen Schönheit»
203

Dank
207

Anhang

Anmerkungen ____ 211
Bildnachweis ____ 218
Register ____ 219

Einleitung

Die Menschen werden nichts davon wissen

Dieses Buch versucht, sich dem Werk Max Ernsts auf neue Weise zu nähern: durch die Großeinstellung auf Bilder, die nach der Rückkehr aus dem Ersten Weltkrieg entstanden sind. Die Stimmung in den Werken unterscheidet sich von allem, was damals in den Ateliers dominiert. Es sind keineswegs stilistische Merkmale, welche die Arbeiten dieser Jahre charakterisieren. Es geht dem Künstler um Inhalte, die eine systematische Verwirrung und die Absage an Kausalität hervorbringen. Die Auseinandersetzung mit Kubismus, Futurismus und Expressionismus spielt dabei so gut wie keine Rolle mehr. Im Vordergrund stehen bei Max Ernst Anspielungen auf Naturwissenschaft, Kunstgeschichte und Literatur. Emblematische Arbeiten wie *Elefant Celebes*, *Oedipus Rex* oder *Leimbereitung aus Knochen* leben von der Ambivalenz, die Mario Praz in *Liebe, Tod und Teufel* als «schwarze Romantik» beschrieben hat. Angesichts der Zusammenstöße und Bildentgleisungen kann man von einem leidenschaftlichen Totentanz der Dingwelt sprechen. Die Bilder suchen die Nähe zum Grotesken und Outrierten. Das belegen nicht zuletzt die Anspielungen auf die Lektüre von E.T.A. Hoffmann, de Sade oder Baudelaire. Mit der Gratwanderung zwischen Eros und Thanatos leistet Max Ernst einen unverwechselbaren, in der Historie abgesicherten Kommentar zur eigenen Zeit. Dazu hat sich der Künstler immer wieder geäußert. Das Unerwartete, das in Denken und Werk in den Vordergrund rückt, lebt vom Schock, der beim Aufeinandertreffen einander fremder Realitäten zustande kommt.

Der Hinweis auf das Treffen von Max Ernst mit Samuel Beckett dient als Einstieg in unsere Beschäftigung mit den Bildern. Denn offensichtlich darf man das Werk Max Ernsts als malerisches Äquivalent zu Szenen Kafkas oder Becketts verstehen. So betrachtet, scheinen *Der Kreisel* von Kafka und Max Ernsts *Ubu Imperator* zusammenzugehören. Im Übrigen sind beide, Text und Bild, fast gleichzeitig entstanden. Hier und dort quälen den Betrachter Konstellationen, die dunkel bleiben wollen.

Im Blick auf ausgewählte Arbeiten werden die unterschiedlichen Verfahren vorgestellt, zu denen Max Ernst greift. Der Künstler gelangt auf diese Weise – und das ist die These des Buches – zu einer grundsätzlichen Störung der Malerei, die man derjenigen von Marcel Duchamp zur Seite stellen kann. Dem Readymade Duchamps antwortet Max Ernst mit der Erfindung der Collage, mit der «Totalcollage». Hinter der Übung, bestehende Illustrationen zu kombinieren und auf diese Weise ungesehene Bilder hervorzubringen, steckt die konzeptuelle Entscheidung, auf alles Handgemachte zu verzichten und das Werk aus der Transplantation kunstfremder Elemente aufzubauen. Der Hinweis auf die Parallelaktion, die ihn mit Duchamp verbindet, gestattet einen neuen Zugang zu Max Ernst. Wir begegnen dabei Arbeiten, die nicht allein an der Schwelle der surrealistischen Bildwelt stehen, sondern ohne die es, wie André Breton aus der Rückschau festgestellt hat, überhaupt keine surrealistische Malerei gegeben hätte.

Mit Beckett bei Max Ernst

Auf die Frage, was ihn nach der Rückkehr aus dem amerikanischen Exil im Paris der Fünfzigerjahre am stärksten beeindruckt habe, antwortete Max Ernst: «Warten auf Godot». In seinen Augen war das Stück von Beckett zur berühmtesten Parabel der Zeit, zu einem «Faust» der alleingelassenen Welt geworden. Ein grausames Ritual spielt sich ab. Der Autor betreibt eine gnadenlose Abrechnung mit den weltanschaulichen Apologien der Fünfzigerjahre, die unter dem Schutz des Absurden Trost und Sicherheit suchten. Die Antwort Max Ernsts war eine Aufforderung, für ein Treffen zwischen Beckett und Max Ernst zu sorgen. Am Donnerstag, 29. September 1966, verabredeten wir uns am frühen Nachmittag in der Bar des *Pont Royal* und zogen zusammen um die Ecke, in die Rue de Lille, um Max Ernst in seiner Wohnung zu besuchen. Ein köstlicher Dialog, der mit dem Klischee vom asketischen Dichter spielte, eröffnete die Begegnung. Max Ernst bedauerte, dass er keinen Stuhl habe, der für Sam hart genug sei und dieser antwortete: «Max, gib mir deinen weichsten Sessel.»

Beckett war sich sicher, die Surrealisten hätten sich gegen Joyce gestellt, ihn für einen durch und durch bourgeoisen Schriftsteller gehalten. Auch die «écriture automatique», wie sie im Kreis um Breton betrieben wurde, war für Beckett ein Streitpunkt. Auf sie bezogen hatte er die Surrealisten in einem Gespräch mit dem holländischen Maler Bram van Velde als «obscurantistes charmants» apostrophiert. Denn Beckett selbst hält in seinen überwachen Texten alles unter Kontrolle. Die Nähe zu Descartes fordert ihn auf, die Virtualitäten körperlichen und psychischen Verhaltens seriell, emotionslos durchzuspielen und abzufragen. Die Beschäftigung mit dem Okkasionalismus eines Geulincx steckt aus diesem Grunde hinter zahlreichen Szenen in den Romanen und Stücken, die slapstickartig einen Sprung zwischen Kopf und Körper sichtbar machen. Zur Suche nach Kontrolle passt nicht zuletzt auch Becketts Wechsel in die französische Sprache. Dabei verschwinden die Assoziationen mit der Kindheit, der gewissermaßen distanzierte Umgang mit der Sprache sorgt dafür, dass die Homophonie von Wörtern bewusst verwendet wird. Beide, Max Ernst und Beckett, erinnerten sich bei dem Gespräch an die Zusammenarbeit mit der

Zeitschrift «Transition» von Maria und Eugene Jolas, die surrealistische Texte in der englischen Übersetzung Becketts brachte, und an die Freundschaft, die beide mit Duchamp verband.

Die Epiphanie –
Der Blick in das Schaufenster

Es gab, wie im Laufe des Gesprächs deutlich wurde, eine Beziehung zwischen Max Ernst und Beckett, die alles überragte: Die Indienststellung der Epiphanie. Das blitzartige Erleben beeindruckte beide bei Proust und Joyce. Proust gründete sein Werk auf den «moment privilégié». Und auch Joyce hat die krampfartige Verdichtung des Unscheinbaren und Übersehenen als Ausgangspunkt seiner Leidenschaft genommen. In *Stephen Hero* entwickelte er das Konzept der «epiphanies». Joyce schreibt über den Schock Stephens: «Unter Epiphanie verstand er eine plötzliche geistige Offenbarung, die die Vulgarität der Sprache und der Geste durchbricht… Alles ist solcher Epiphanie fähig. Zum Beispiel die Uhr des Hafenbüros. Die Epiphanie ist der Moment, wo die Wirklichkeit des Dings einen plötzlich wie eine Offenbarung überfällt.»[1]

Von de Chirico, Breton, Aragon oder Magritte sind uns vergleichbare ekstatische Begegnungen überliefert. Auch kennen wir sie aus der Lektüre Dostojewskis, dem Max Ernst nicht von ungefähr im Gruppenporträt *Au rendez-vous des amis* auf den Knien sitzt. Die blitzartige Erleuchtung gehört zu dem, was Max Ernst 1919 zur Collage, zur Kombination von Unverbundenem aufforderte. Berühmt ist die Schilderung seiner Begegnung, die er an einem Regentag in Köln beim Blick in ein Schaufenster macht. Die Seiten eines Katalogs, der anthropologische, mikroskopische, psychologische, mineralogische und paläontologische Abbildungen zeigt, ziehen ihn an und verwirren ihn. Und er fährt in seiner Schilderung fort: «Ich fand dort so weit voneinander entfernte Figurenelemente vereint, dass die Absurdität dieser Ansammlung eine plötzliche Intensivierung der visionären Fähigkeiten in mir verursachte.» Unübersehbar beschäftigt sich Max Ernst in den Bildern aus frühen Jahren, die vor der Einberufung zum Militär entstehen, mit dem Futurismus. Die Simultaneität, die für die Gruppe um Marinetti das Hauptthema der Texte und Bilder abgibt, spiegelt das Anschwellen von Information wider, das zu Beginn des Jahrhunderts die Konzentration auf das isolierbare Erlebnis und das begrenzte Leben aufzuweichen beginnt. Eine beispiellose, neuartige Akzeptanz der Welt, aller Dinge tritt uns entgegen. Doch in der Begegnung mit dem Futurismus erlebt Max Ernst nicht nur die Abhängigkeit vom Zeitgeist, vom Kult der Schnelligkeit und von den neuen Kommunikationsmöglichkeiten, sondern auch einen melancholischen Hinweis auf den Verlust des unverwechselbaren, fixierbaren Augenblicks.

Nach der Rückkehr aus dem Krieg verschwindet jeder Einfluss durch den Umkreis Marinettis. Zwar dient die Flut von Informationen als Basis für seine Arbeit, doch die bedrückende Gleichzeitigkeit der disparaten Informationen zwingt, auf diese Nötigung zu reagieren. Das zeigt nicht zuletzt der Blick in das Schaufenster, den man das Erweckungserlebnis des Künstlers nennen kann. Dieser Text, richtiggehend die Kosmologie einer ungeschauten poetischen Welt, kündigt an, dass hinter der Auswahl des Materials für die Collagen ein enzyklopädischer Hunger steckt, der an die Sammellust Goethes oder an Walter Benjamins Botanisieren auf der Straße und in Bibliotheken denken lässt, ihn andererseits auch auffordert, eine Schneise durch den Dschungel visueller Übersättigung zu schlagen. Sicher, Max Ernsts Bericht stammt aus späteren Jahren, aus einer Zeit, in der er sich innerhalb der surrealistischen Bewegung theoretisch abzusichern sucht. Aber das Erlebnis, auf das sich die Schilderung bezieht, hat sehr wohl mit der Verwirrung zu tun, die das Übermaß an Bildern im Schaufenster der Lehrmittelanstalt im Betrachter hervorruft und das ihre Rettung in der kombinatorischen Verwendung der reproduzierten Welt entdeckt.

Der Aufstand gegen das Zuviel

Der Bericht zeigt, wie der Erzähler den Ansturm von Informationen kanalisiert. Mit einem vielfältigen, «blickverwirrenden» Material hat er sich auseinanderzusetzen. Das Isolierbar-Erblickte wird im Aufstand gegen das Zuviel, das es umgibt, von seiner ursprünglichen Bedeutung befreit und für eine subjektive Verwendung verfügbar. Zustande kommt dieser Zustand, wenn wir dem Text folgen, durch den simultanen Blick auf Illustrationen, die verschiedensten Wissensgebieten angehören. Die Eindrücke überlagern sich, die Grenzen zwischen den Gegenständen werden unsicher, ja sie verschwinden. Eine stochastische Welt entsteht, die die Mappe *Histoire Naturelle* (1926) eindrucksvoll mit ihrem Entwurf einer parallelen Natur illustriert. Max Ernst möchte, das zeigt sein Kommentar, frei über die zahllosen, ihrem Sinn entfremdeten Informationen verfügen. Letztlich geht es um ein tief romantisches Erleben, um eines, das nichts ausgrenzt und zu immer erneut frischen Assoziationen bereit ist. Ein Satz aus den *Neuen Fragmenten* von Novalis veranschaulicht das Vorgehen: «Jedes Willkürliche, Zufällige, Individuelle kann unser Weltorgan werden. Ein Gesicht, ein Stern, eine Gegend, ein alter Baum usw. kann Epoche in unserm Innern machen – Dies ist der große Realism des Fetischdienstes.»[2] Man kann die Beschreibung der Betroffenheit vor dem Schaufenster in Köln mit der Epiphanie, mit der aufblitzenden Erkenntnis in den Schriften und Bildern de Chiricos oder in Bretons *Nadja* vergleichen. Der Hinweis auf die Magie des Plötzlichen steht seit 1966 bei meiner Beschäftigung mit Max Ernst im Mittelpunkt. Dank der Fähigkeit, Fremdheiten miteinander zu verbinden, entstand ein Werk, das eine unverwechselbare emotionale Logik entwickelte.

Von solchen Erlebnissen und Erkenntnissen war im langen Gespräch mit Beckett bei Max Ernst die Rede. In Erinnerung an das denkwürdige Zusammentreffen in der Rue de Lille veröffentlichten beide die bibliophile Publikation *Aus einem aufgegebenen Werk*. Die dreisprachige Ausgabe des Beckett'schen Fragments begleitete Max Ernst mit den Farbvarianten einer Radierung, die den Leser in ein vegetabilisches Dickicht führt. Es blieb nicht die einzige Begegnung zwischen Max Ernst und Beckett.

Becketts Blätter der Schere

Als ich während der Olympiade von 1972 in den Münchner Kammerspielen zusammen mit Peter Schamoni Texte und Szenen von Max Ernst unter dem Titel *Endlose Tage bereiten sich vor* auf die Bühne brachte, sandte mir Beckett für das Programmheft eine der bündigsten Formulierungen, die Max Ernsts Arbeitsweise zu umreißen vermag: «Ich grüße eingehend und ohne Floskeln den Unruhestifter, diesen produktiven Baumeister des NEINS.» (Je salue longtemps et sans phrases le fauteur de ce NON bâtisseur.)

Beckett setzte das mit Majuskeln geschriebene «Nein» zwischen die konträren Begriffe «Unruhestifter» und «Baumeister». Diese scheinen die zwei Blätter der Schere zu symbolisieren, die als Instrument der Collage dient. Und was könnte das gesamte Werk von Max Ernst, seine Bildpoetik schärfer definieren als der Hinweis auf das Schneiden, das Zerstückeln. Doch Collage beschränkt sich keineswegs auf den Umgang mit Papier, Schere und Kleister. Max Ernsts Vorgehen entwickelt ein umfangreiches Arsenal der Augentäuschung. Dazu gehören Vergrößerungen von Montagen aus fotografischem Material und die Korrektur von bestehenden Illustrationen durch Übermalung, durch Wegnahme von Details oder dank Ergänzungen. Zur Vielfalt seiner Techniken hat der Künstler einen eingängigen Merkspruch geliefert: «Auch wenn es die Federn sind, die das Gefieder bilden, so ist es doch nicht der Klebstoff [frz. colle], der die Collage bildet.»[3] Man kann aus dem Satz auch eine autobiographische Anspielung herauslesen. Die «plumes» lassen an das Federkleid denken, hinter dem sich Max Ernsts Alter Ego, der Vogelobre Hornebom verbirgt. Die ersten eigenständigen Arbeiten zeigen, dass Max Ernst auf das neuartige Verfahren angewiesen ist. Er erweitert und verfeinert das «NON bâtisseur», von dem Beckett spricht. Mithilfe der Collage kann er sich völlig neu ausdrücken. Louis Aragon charakterisiert die Meisterschaft Max Ernsts, an die Stelle des konventionellen künstlerischen Malens und Zeichnens das Zitat zu setzen. Er verwendet dafür die Formel von der «personnalité du choix», von der Persönlichkeit, die das bereits Bestehende verwendet, aus ihm eine Auswahl trifft. Den Begriff hatte erstmals Breton 1922 gebraucht, um die Rolle zu erläutern, die die Kombinatorik aus existierenden Objekten im künstlerischen Prozess übernehmen kann. Dahinter steht die Vertrautheit mit den Readymades Marcel Duchamps. Und Duchamp gilt Breton als Stifterfigur dieser neuen künstlerischen Strategie, die die Verknüpfung von Objekten und Gedanken über den Umgang mit Leinwand und Ölfarben stellt.

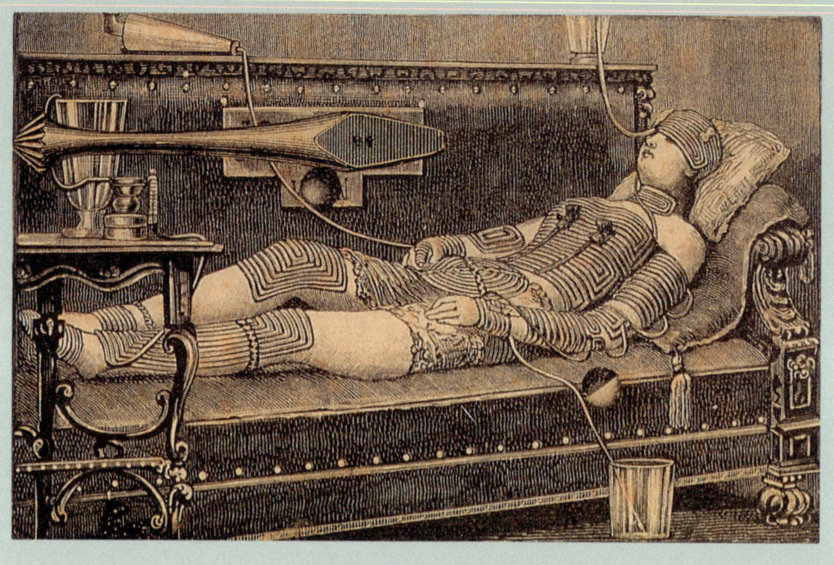

Abb. 1 Max Ernst, *Leimbereitung aus Knochen,* 1921, Privatsammlung

Leimbereitung aus Knochen

Lessing, *Der Sandmann, Metropolis* und «Das Unheimliche»

Die Abhängigkeit von Hilfsmitteln, in die sich Max Ernst begibt, kann man mit einem Bekenntnis von Lessing in der *Hamburgischen Dramaturgie* vergleichen. Hier lesen wir: «Ich fühle die lebendige Quelle nicht in mir, die durch eigene Kraft sich emporarbeitet, durch eigene Kraft in so reichen, so frischen, so reinen Strahlen aufschießt: ich muss alles durch Druckwerk und Röhren aus mir heraufpressen.»[1] Max Ernsts abgründige Arbeit *Leimbereitung aus Knochen* könnte als Illustration der Selbstzweifel Lessings herhalten. Sie zeigt eine liegende Frau, deren Körper an ein dichtes Röhrensystem angeschlossen ist und von Saugnäpfen angezapft wird. Die Augen hält sie offen, sie scheint die Prozedur bei vollem

Bewusstsein über sich ergehen zu lassen. Der Titel verrät, dass dem Körper mithilfe von Schläuchen Flüssigkeiten entnommen werden, die – und hier wird das Blatt zu einem Manifest der Arbeitsweise von Max Ernst – als Rohstoff für die Fabrikation von Collage dienen. Hinter dem Blatt steckt eine erschreckende Vorstellung, die nicht von ungefähr in die Entstehungszeit von Sigmund Freuds Schrift *Das Unheimliche* fällt. Das hervorstechende literarische Exempel, das Freud in seiner Studie anführt, E.T.A. Hoffmanns *Der Sandmann* mit Olimpia, Nathaniel und Coppelius gehört zu den Texten, die Max Ernst zeitlebens nicht losließen. Die Wirkung der Collage *Leimbereitung aus Knochen* ist deshalb so stark, weil Gewohntes und Plausibles eine haarsträubende Fremdheit hervorbringen. Es geht um den manipulierten Körper. Man assoziiert Aufbahrung, Anatomie, denkt an die Fabrikation eines künstlichen Menschen, an den Operationstisch in Mary Shelleys *Frankenstein*, an *L'inhumaine* von Marcel l'Herbier oder an Fritz Langs Film *Metropolis,* der einige Jahre nach der Collage *Leimbereitung* entstanden ist. Dahinter steckt möglicherweise auch die Kenntnis von Raoul Hausmanns Assemblage *Mechanischer Kopf – Der Geist unserer Zeit* (Abb. 2). Dies und anderes lassen sich mit der Darstellung Max Ernsts in Verbindung bringen.

In *Metropolis* gelingt es dem Erfinder Rotwang, sein verkabel-

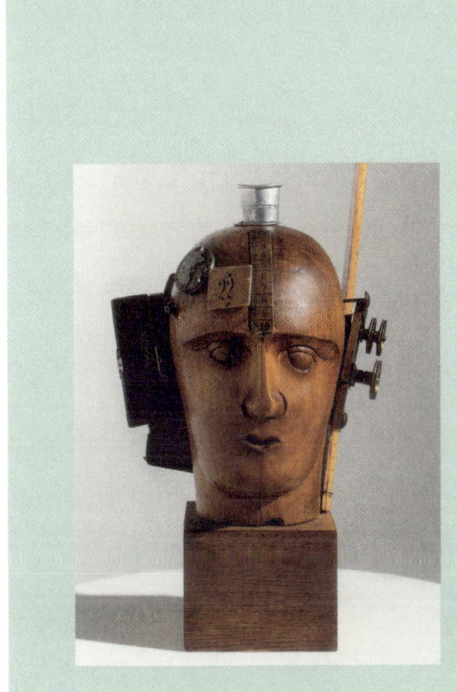

Abb. 2 Raoul Hausmann. *Der Geist unserer Zeit – Mechanischer Kopf*, 1919, Centre Pompidou, Paris

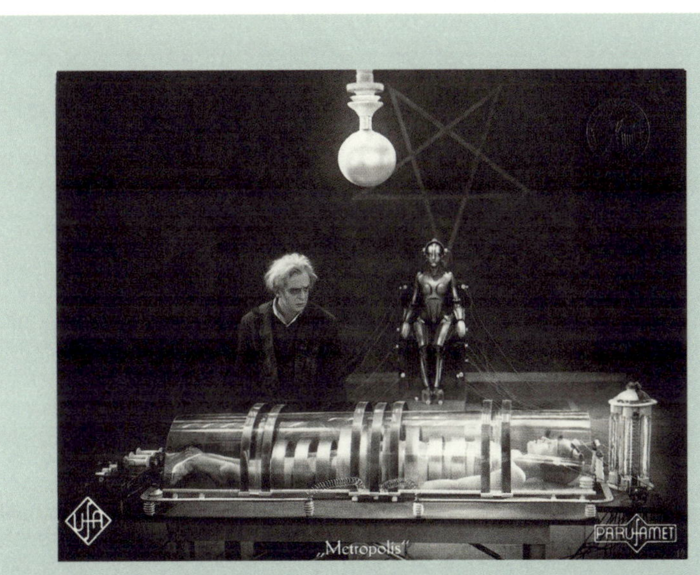

Abb. 3 Szene aus Fritz Lang: *Metropolis,* 1927

tes Kunstgeschöpf zum Leben zu erwecken (Abb. 3). Man kann zum Vergleich ein Still aus dem Film neben *Leimbereitung* setzen.

Strahlentierchen und Schnitte durch Adern

In dem Selbstporträt *Max Ernst*, das das «Junge Rheinland» 1921 veröffentlicht, spielt der Künstler auf zentrale Elemente in *Leimbereitung aus Knochen* an und schreibt über die eigene Arbeit: «Seine Farbgebung ist manchmal durchlocht und manchmal röhrenförmig».[2] Diese Äußerung lässt sich nicht nur auf *Leimbereitung aus Knochen* beziehen. Die Verwendung von Mikrostrukturen begleitet von früh auf das Werk. In Max Ernsts Bildern entdecken wir regelmäßig anatomische Details, Teile von Gewebe und Adern, die aus dem Boden wachsen. Vergrößerung von Zellen, Strahlentierchen, Rippen von Pflanzen, Geäder und Schnitte durch Venen und Arterien: das Feld der Biologie tritt in die Bilder ein und vermengt die figürlichen Darstellungen mit physiologischen Attributen. Auf all dies verweist *Leimbereitung aus Knochen*. Hinter der Präsenz des Körperlichen steckt möglicherweise eine erste Auseinandersetzung mit dem Werk von Marcel Duchamp. Denn kurz nach Ende des Krieges hatte Katherine Dreier auf einer Reise aus den USA in Köln Station gemacht und Max Ernst und Johannes Baargeld, die damit beschäftigt waren, eine Dada-Ausstellung aufzubauen, von der Strategie ihres Freundes Duchamp, von dessen Werken und Readymades berichtet.

Duchamps viszeraler Kubismus

Das Primat des Anatomischen in einer Reihe von Duchamps Bildern musste auf Max Ernst eine starke Wirkung ausüben. Duchamps Beschäftigung mit Sekretionen, mit geöffneten Körpern und Peristaltik in Arbeiten wie *La Mariée* (Abb. 4), führt zu einer unerhört aggressiven Neuorientierung der kubistisch-kristallinen Zerlegung. Hinter der Hinwendung zum Weichen, Wirbellosen lässt sich zu Beginn der 1920er-Jahre auch bei Max Ernst eine Reaktion auf die kubistische Bildsprache erkennen. Man möchte von einem viszeralen Kubismus sprechen, den Duchamps Beschäftigung mit Körperflüssigkeiten in Readymades wie *Fountain* (1917) auf krude

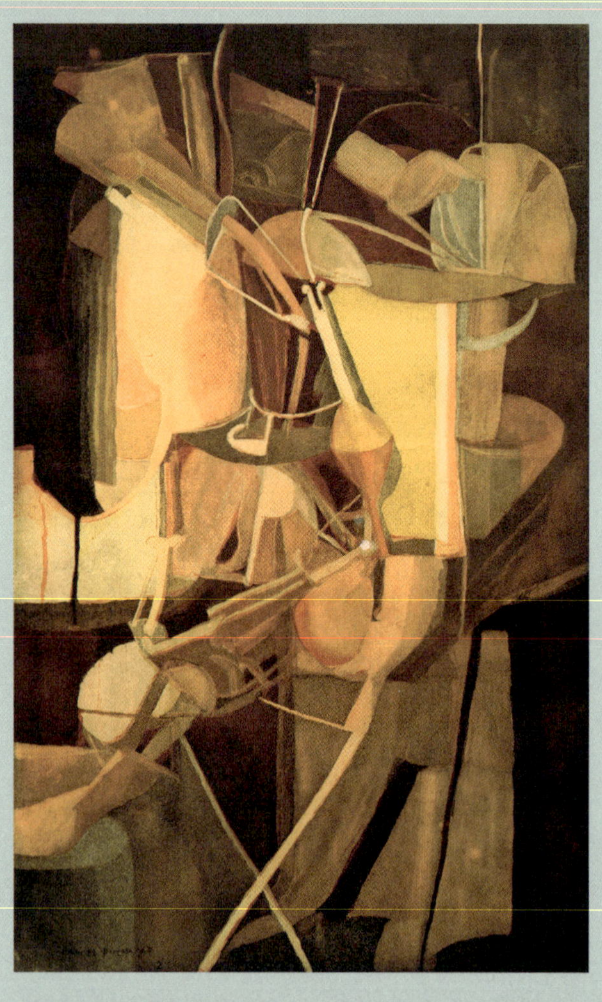

Abb. 4 Marcel Duchamp, *La Mariée,* 1912, Philadelphia Museum of Art, The Louise and Walter Arensberg Collection

und provokante Weise offenlegt. So gesehen könnte man *Leimbereitung aus Knochen*, das gleichfalls auf Blut und Lymphe anzuspielen scheint, in die Nähe der Blasphemie Duchamps rücken, der mit *Fountain* die Bereiche von Kunst und Hygiene einander annähert. Max Ernsts Erwähnung von Radiolarien und Infusorien, der Hinweis auf botanische und anatomische Stoffe, die Evokation von Gewebschnitten in Bildern wie *Landschaft mit Meer*, *Es lebe die Liebe oder Pays charmant*, *Weib, Greis und Blume* belegen den Transfer nichtkünstlerischer Details in die Malerei. Das Liebespaar im Bild *Es lebe die Liebe* (Abb. 5) scheint Schutz in einem Umhang aus Menschenhaut gefunden zu haben.

Kunstformen der Natur, medizinisches Reimlexikon

Der Umgang mit medizinischen Publikationen zeigt sich auch in den Titeln, die klinische Termini korrumpieren. So taucht ein Echo der Bezeichnung «Nacktkiemer», die 1899 Ernst Haeckel in den *Kunstformen der Natur* verwendet, in der Bildlegende für *C'est le chapeau qui fait l'homme*[3] auf. Max Ernst erweitert den Titel mit

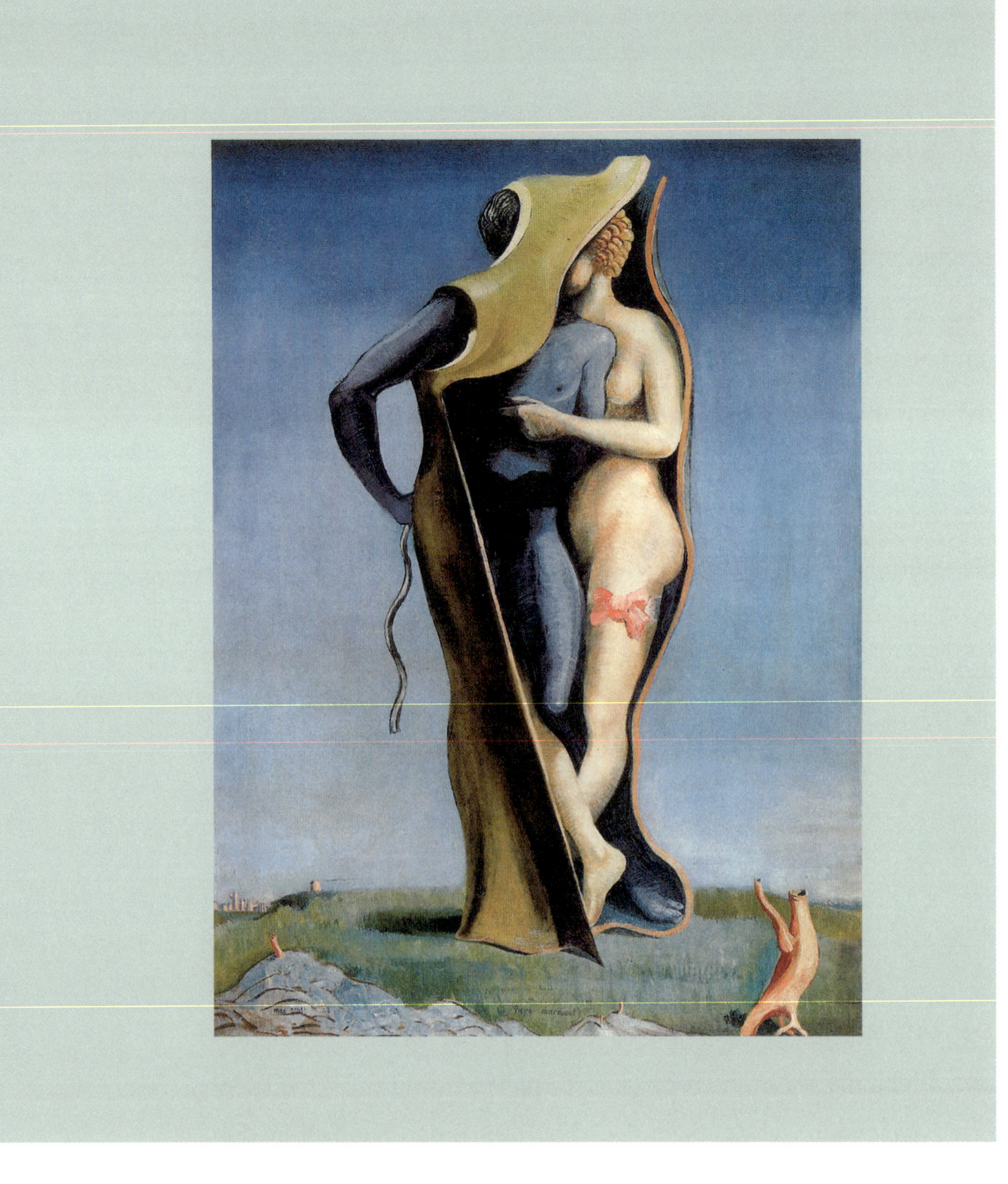

Abb. 5 Max Ernst, *Es lebe die Liebe* oder *Pays Charmant,* 1923, The Saint Louis Art Museum, St. Louis

dem Zusatz «nacktsamiger wasserformer». Die Verballhornung wissenschaftlicher Terminologie kulminiert in der verblüffenden Liste der «Objets désagréables», die Max Ernst gemeinsam mit Tristan Tzara 1933 als Prolog der Ausstellung «Exposition surréaliste» in der Pariser Galerie Pierre Colle voranstellen sollte. In ihr stoßen «Geschlechter, Objekte zum Beschnuppern, intra-uterine Erinnerungen, Perversion der Ohren, Amseln» («sexes, objets à flairer, souvenirs intra-utérins, perversions d'oreilles, merles») aufeinander. Vor allem in den umfangreichen Collageromanen nehmen Accessoires überhand, die naturkundlichen Veröffentlichungen entnommen werden. Die Besitznahme dieser Formenwelt gestattet es in der Dada-Zeit, die gegen die konventionelle künstlerische Arbeit rebelliert, außerkünstlerische Quellen heranzuziehen. Viele Kombinationen in den Bildern sind folglich ohne die Faszination durch physiologische Details nicht denkbar. Die Wiederkehr bestimmter Elemente charakterisiert das System, das Max Ernst erkennbar in seinen Collagen erarbeitet. So lässt sich sein Vorgehen am ehesten mit der Konstruktion von Versen vergleichen, für die ein Reimlexikon zur Verfügung steht.

Im Sprechzimmer Sigmund Freuds – André Bretons Illusion

Doch die entscheidende Anregung für die Wahl des Sujets von *Leimbereitung* führt uns in das Sprechzimmer von Sigmund Freud. Das Kanapee, die liegende Frau, das Verströmen von unzensierten, verdrängten Energien beziehen sich auf die Liturgie in der Wiener Berggasse. Max Ernst gehörte zu den ersten Künstlern, die Freuds Schriften gelesen und, als «biblia pauperum», für eine surrealistische Ikonographie herangezogen haben. Wir finden dafür Hinweise in den Bildtiteln, die die frühen Dada-Arbeiten begleiten. Und zweifellos mokiert sich Max Ernst mit der Anspielung auf die berühmte Couch und den verfolgbaren, positivistischen Charakter der Prozedur über den Besuch von André Breton bei Freud. Breton las die Beispiele des «manifesten Trauminhalts» von Freud, soweit sie ihm in französischer Übersetzung zugänglich waren, vorkritisch, als hinreißende Sammlung von poetischen Bildern.[4] Dies passte zu seinen eigenen Entdeckungen wie den «Poésies» von Isidore Ducasse, dem Comte de Lautréamont, die unter der Direktion Bretons im März 1919 in der Zeitschrift «Littérature» veröffentlicht wurden. Und auch zu den Gedichten von Guillaume Apollinaire, Tristan

Tzara oder Philippe Soupault, die in weiteren Nummern der Zeitschrift erschienen. Anders als Breton war Max Ernst seit seiner Studienzeit an der Universität Bonn mit dem entscheidenden Gegensatz von «manifestem» und «latentem» Rauminhalt vertraut. Er wusste deshalb auch, dass es dem Aufklärer Freud keineswegs um den poetischen Mehrwert der Traumverzerrung und um die poetische Dunkelheit einer bilderreichen Sprache ging, sondern um Erklärung, um den Abbau von Konflikten und um Sozialisierung. Nur ausnahmweise geht Freud auf ästhetische Diskussionen ein, schreibt er doch: «Der Psychoanalytiker verspürt nur selten den Antrieb zu ästhetischen Untersuchungen... Er arbeitet in anderen Schichten des Seelenlebens und hat mit den zielgehemmten, gedämpften, von so vielen begleitenden Konstellationen abhängigen Gefühlsregungen, die zumeist der Stoff der Ästhetik sind, wenig zu tun.» (*Das Unheimliche*).

In Max Ernsts instrumentaler Verwendung des Unbewussten verknoteten sich Traumerzählung und Analyse des Traums zu einem unentwirrbaren Text.[5] Und das Undurchschaubare charakterisiert letztlich den Surrealismus Max Ernsts. Es liefert unergründliche Bilder und Texte, die wie Stefan Georges erregendes *Komm in den totgesagten park* nur eine Ahnung von Ausdeutung zulassen. Die Verschlüsselung in den Bildern und Texten verlangt keine Auflösung. Das hat Adorno hervorgehoben: «Wäre in der Tat der Surrealismus nichts anderes als eine Sammlung literarischer und graphischer Illustrationen zu Jung oder selbst Freud, er verdoppelte nicht bloß überflüssig, was die Theorie selbst ausspricht, anstatt dass er es metaphorisch verkleidete, sondern er wäre auch von einer Harmlosigkeit, die kaum Raum ließe für den Scandal, den der Surrealismus meint und der sein Lebenselement bildet.»[6] Max Ernst konnte folglich voraussehen, dass die Begegnung zwischen Breton und Freud ein Missverständnis offenlegen musste. Die Reise nach Wien, die Suche nach der Absegnung der poetischen Ergebnisse von «écriture automatique» und nach Traumprotokollen von Freud fiel denn auch für Breton mehr als ernüchternd aus. Der wortkarge Bericht, den er unter dem Titel *Interview du Professeur Freud à Vienne* am 1. März 1922 in «Littérature» veröffentlicht, dokumentiert nicht weniger als eine Enttäuschung.[7] Den zusätzlichen, etwas umfassenderen Kommentar dieser frustrierenden Begegnung hat Breton erst dreißig Jahre später in den *Entretiens*[8] geliefert. Letztlich scheint sich Freud eher herablassend über das Werben von Breton geäußert zu haben. Er dachte wohl an das Urteil, das er in *Der Wahn und die Träume in W. Jensens Gradiva* über die Phantasien Norbert Hanolds gefällt hatte: «Es ist das Vorrecht des Dichters, uns in solcher Unsicherheit belassen zu dürfen».

Lessings Klage und Max Ernsts Kritik am «Schöpfungsmythos»

Dem Bekenntnis Lessings, er müsse sein Werk aus sich herauspressen, wollte man das Misstrauen gegenüber dem «Schöpfungsmythos» zur Seite stellen, von dem in Max Ernsts Schriften die Rede ist. Es trifft sich mit der Skepsis und der antiexpressionistischen Haltung, die die Arbeiten des Künstlers von früh auf charakterisieren. Er gibt nach der Rückkehr aus dem Krieg und in dem Augenblick, da er Dada kennenlernt, rasch das spontane Zeichnen und Malen auf und kombiniert stattdessen ausschließlich Motive, die er Katalogen und Büchern entnimmt. Es ist in diesem Zusammenhang spannend, dass Max Ernst wohl als einer der ersten Künstler auf den großen Skandal reagierte, der vor dem Ersten Weltkrieg die Pariser Kunstwelt durcheinanderbrachte: im *Salon des Indépendants*, in Raum 22, war das Exponat *Sonnenuntergang über der Adria* zu sehen, das ein Maler namens Joachim-Raphaël Boronali eingesandt hatte.

Die Debatte in dem Ausstellungsraum und die Reaktion der Presse sollen, wie in Yasmina Rezas Stück *Ruhm*, zwischen Ablehnung und hysterischer Begeisterung geschwankt haben. Man

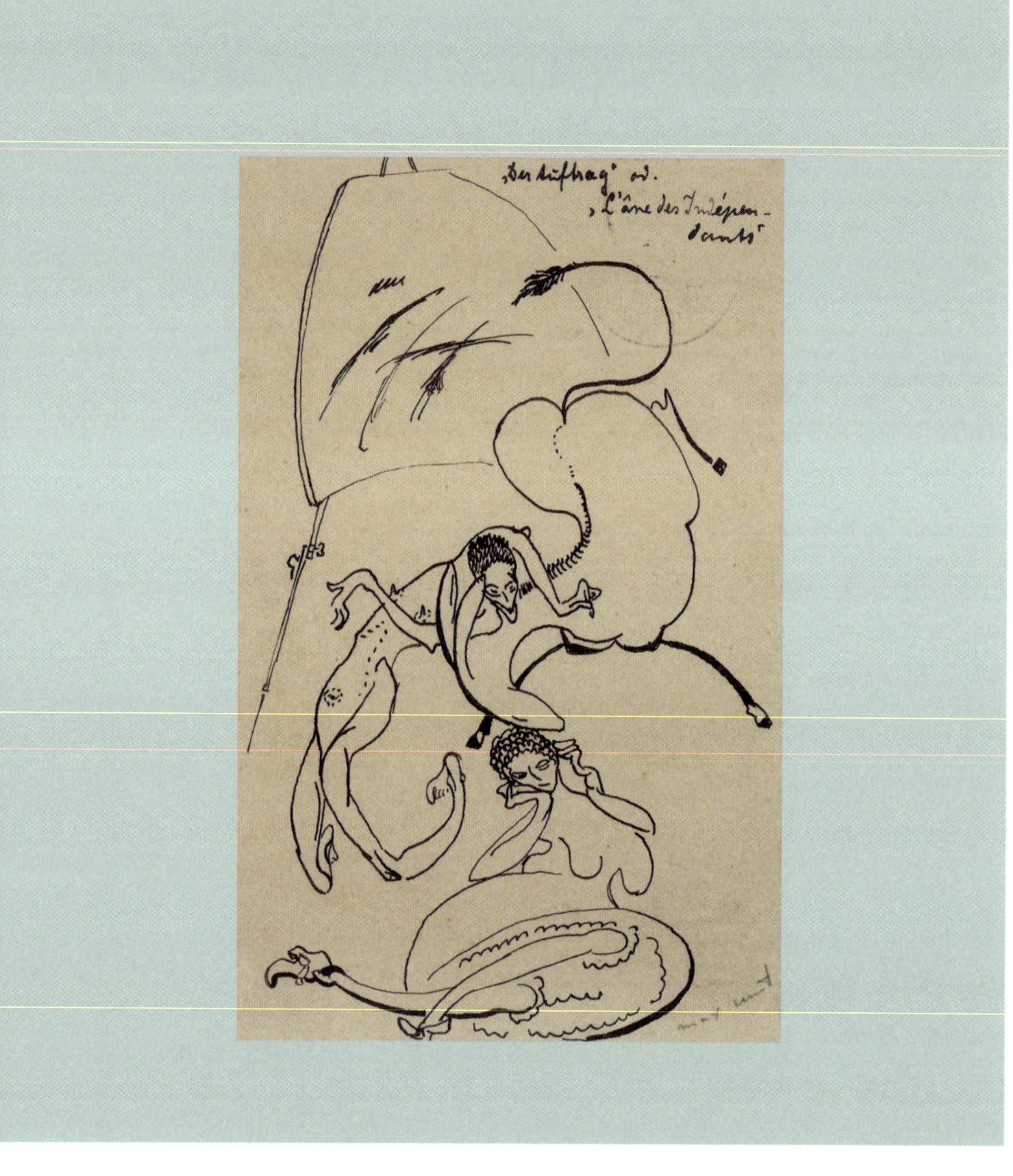

Abb. 6 Max Ernst, *Der Auftrag,* 1912, Max Ernst Museum, Brühl

erfuhr, dass die farbenprächtige Abendstimmung auf dem Bild dank der Assistenz des Esels Aliboron zustande gekommen war. Hinter dem Werk, hinter dem Esel versteckte sich eine Manipulation, die die Operationen ankündigt, die kurz danach Marcel Duchamp mit seinen *ready mades assistés* in die Welt setzt. Und Duchamp kommentierte denn auch die Mystifikation, auf die seine Zeitgenossen hereingefallen waren: «Aber man kann den Leuten alles unterjubeln. Das hat sich hier gezeigt.» Duchamp nimmt die eigene Unlust am sinnlich-olfaktorischen Charakter der Ölmalerei zum Anlass, der Avantgarde seiner Zeit mit Skepsis zu begegnen. Und es ist kein Zufall, dass Max Ernst so früh die Geschichte vom Esel, die damals um die Welt ging, zum Thema seiner Zeichnung *Der Auftrag oder l'âne des Indépendants* (Abb. 6) machte.

Die Wahl des Motivs zeigt an, dass bereits der junge Künstler von dem fasziniert wird, was man zu den indirekten Techniken, zu Automatismus, zur Mystifikation durch Collage zählen kann. Aus der Rückschau erscheint das frühe Blatt als Ankündigung der dadaistischen Abkehr vom damaligen Kunstbetrieb.

Zwischen Kunst und Literatur

Die Kompositionen, die ab 1918/1919 zustande kommen, agieren im Zwischenbereich von Kunst und Literatur. Immer wieder begleiten umfangreiche Titel die Arbeiten. Manche Formulierungen lassen an die Vertrautheit mit Lichtenberg, Heine, Freud oder Arp denken. Nehmen wir nur Max Ernsts zunächst unverständliche Formel «forêt triangulaire» aus dem wunderbaren Prosagedicht «Was ist ein Wald?», das er seiner Passion für Bäume widmet. In der Verbindung «dreieckiger Wald» könnte eine Stelle aus Prousts *Du côté de chez Swann* anklingen. In ihr beschwört der Autor die Erinnerung an die Kindheit, an Golo, der aus der «forêt triangulaire» herausreitet. Wir finden diese Formel erstmals in Alfred Jarrys *Haldernablou*. Im Epilog lesen wir «Dans la forêt triangulaire, après le crépuscule.»[9] André Breton hatte zu Beginn von *L'Amour fou* auf diese Stelle bei Jarry verwiesen.[10]

Den Verzicht auf das direkte Arbeiten, auf ein Arbeiten zwischen Kunst und Literatur, bei dem es auf die eigene unverkennbare Handschrift ankommt, illustriert 1919 in einer ersten Phase die Verwendung von Klischees, die ihm die Druckerei Hertz zur

Verfügung stellt. Dort entwirft Max Ernst für die Kölner Dada-Gruppe Plakate und Manifeste. Am Anfang seiner Absage an den Kunstbetrieb steht folglich eine Suite aus Motiven, die der technischen Welt angehören. Manches im Aufbau lässt an *Fille Née sans Mère* oder *Parade amoureuse* von Picabia denken. Die Herkunft des Materials ist mechanistisch, doch die Inhalte, auf die Max Ernst anspielt, bleiben anzüglich auf Körper und Sexualität bezogen. Das unterstreichen die Titel. Nennen wir nur zwei der frühen dadaistischen Arbeiten: *Noli me derigere* spricht für sich selbst und *Perturbation ma soeur* spielt auf den Ausspruch «Masturbation ma peur» an. Überblickt man die Klischeedrucke, stellt man fest, dass in ihnen keineswegs der Zufall regiert. Die Elemente werden nicht regellos gekoppelt. Die Mehrfachverwendung einzelner Teile sorgt dafür, dass eine unverwechselbare Bildsprache zustande kommt, deren Stilelemente sichtbar bleiben. Neben der Verwendung von ausgedienten Klischees taucht ein weiteres indirektes Verfahren auf: die Verwendung von großen Holzlettern, mit denen die Kölner Akzidenzdruckerei die Typographie ihrer Plakate gestaltete. In mehreren Blättern reibt Max Ernst die Konturen der Buchstaben und die Texturen der Hölzer durch. Dies führt zu einer Vorform der Frottage, die ab 1925 dank der Arbeit an dem Zyklus *Histoire Naturelle* eine durchgängige und kontrollierte Praktik im Werk werden sollte. Das Verfahren lässt sich mit flüssiger Ölfarbe auch zur Arbeit auf der Leinwand heranziehen. Man spricht in diesem Falle von Grattagen.

Im Unterholz der Illustrationen

Fast alle Gemälde, die vor der Entdeckung der Frottage entstehen, gehen auf disparate, visuelle Quellen zurück. Sie sind die Köder, auf die der Künstler anbeißt. Max Ernst befindet sich inmitten des uferlosen und unübersichtlichen Materials, das zur Verfügung steht, in einer Situation, die sich mit der Schwierigkeit zur Konzentration vergleichen ließe, in die uns heute der «digital turn» versetzt. Wie lässt sich die Aufmerksamkeit kanalisieren? Max Ernst bringt nach 1919 fast alle Arbeiten im Umgang mit Tausenden Abbildungen, die ihm «zufällig» in die Hände fallen, hervor. Um in das Dickicht der Illustrationen Schneisen zu schlagen, schafft er sich Verarbeitungsmodi, die das visuelle Angebot ordnen. Sie sorgen dafür, dass sich ein erkennbarer Stil entwickelt. Die Arbeiten sind so besehen das Ergebnis von Akzeptanz und von Widerstand.

Denn in dem Maße, wie Max Ernst Elemente aussucht, verwirft er auch den Teil der reproduzierten Welt, der für die Verarbeitung zu Collagen nicht infrage kommt. Der verfolgbare Griff nach analogen Quellen verbindet die einzelnen Arbeiten. Eine Collage ermöglicht die andere, fordert die nächste an. Der Künstler geht bei seiner Demarche von dem aus, was er die «Halluzination» nennt. Sie spielt im Umkreis der surrealistischen Imagination eine überragende Rolle. Hinter seinem Vorgehen steckt eine Fähigkeit, die Louis Aragon in *La peinture au défi* beschrieben hat. Er spricht, auf Max Ernst bezogen, von einer »personnalité de choix« (auswählende Persönlichkeit). Die Formulierung unterstreicht, dass dem Widerstand gegen das Überangebot von Bildern, der Auswahl, die entscheidende Rolle zufällt. Max Ernst demonstriert dies in seinem Umgang mit den Holzstichen des neunzehnten Jahrhunderts. Denn er bindet sich hier rasch an einen kontinuierlichen Modus der Visualisierung, eben an den Holzstich. Das Verfahren, Illustrationen und Diagramme auf Druckstöcke aus hartem Holz zu übertragen, hat in der zweiten Hälfte des neunzehnten Jahrhunderts die visuelle Wiedergabe der Welt geprägt. Die von Thomas Bewick entwickelte Reproduktionstechnik bleibt bis zur Einführung der Rasterätzung durch die Münchner Chemigraphische Kunstanstalt Georg Meisenbach, die ab 1880 dank der Glasgravur auch Photographien drucktechnisch wiederzugeben vermag, so gut wie das ausschließliche Medium für die Verbreitung von Bildern. Max Ernst konnte sich für die Wiedergabe seiner Collagen aus Holzstichen mit dem preiswertesten Reproduktionsverfahren, der Strichätzung, begnügen. Die Autotypie, die der Abbildung von Fotografien im Druck dient, war fast doppelt so teuer. Aus diesem Grund arbeitete Max Ernst auch beim Verfassen der umfangreichen Collageromane ausschließlich mit Quellen, die sich in Holzstich übersetzen und reproduzieren lassen. Von den stahlharten Druckplatten aus Hirnholz lassen sich fast unbegrenzt Abzüge herstellen. Das Verfahren dient auch der Illustration von populären Texten, die Max Ernst das Material für seine Collageromane liefern sollten. Der Hinweis auf den eigenen Stil des Zeichners geht bei der stereotypen Übertragung auf den Druckstock durch eine Phalanx von Holzstechern verloren – im Unterschied etwa zur Lithographie. In den lithographischen Blättern begegnet man einer Vielfalt von Handschriften. Sie liefern häufig offene Silhouetten. Doch Max Ernst ist auf die standardisierte Strichätzung angewiesen. Denn die scharf konturierte Reproduktion der Abbildungen lädt dazu ein, das einzelne Element zu isolieren und so perfekt mit anderen zu koppeln, dass in der Wiedergabe im Druck kaum mehr Schnittstellen ausgemacht werden können.[11] Der Betrachter wird mit Arbeiten konfrontiert, die ihm auch deshalb rätselhaft erscheinen müssen, weil die Indizien, die in der Originalcollage auf den Montagecharakter schließen ließen, völlig verschwunden sind.

Das Veraltete, Außerkursgesetzte

Doch neben dem ökonomischen Aspekt, der preiswerten Reproduktionstechnik, spielt noch etwas anderes eine Rolle. Der Holzstich ist zu Beginn der Zwanzigerjahre bereits weitgehend ein inaktuelles Medium. Die Autotypie, die die Wiedergabe von Fotografie gestattet, hatte das Verfahren, das die Motive in präziser Handarbeit auf die Druckstöcke übertragen musste, weitgehend verdrängt. Die Öffentlichkeit verlangt den Blick auf das Reale und einen solchen verbürgt allein die fotografisch exakte Wiedergabe von Objekten und Aktionen. Die Motive, die Max Ernst zu Collagen verarbeitet, entstammen dagegen durchwegs Vorlagen, die inaktuell und fremdartig wirken. Das Ziel der Collagearbeit erscheint, und das animiert Max Ernst, als Gang in eine obsolete Welt. Das Material, das ihn beschäftigt, trägt den Hauch enigmatischer Vergangenheit. Dieses Gestrige ist die Voraussetzung für den Einsatz der Holzstiche. Sie existieren für Max Ernst mehr oder weniger als vom Ausgangskontext befreites Material. Dies erscheint als ein entscheidender Punkt für das Entstehen des umfangreichen Collagewerks: für Max Ernst war das Bildmaterial, das er verarbeitete, letztlich neutral, das heißt, die Inhalte, die er verarbeitete, interessierten ihn grundsätzlich nur am Rande.

«Geschmack-lose» Bildquellen

Es gibt zu dieser Behauptung eine entscheidende Mitteilung von Max Ernst selbst. Als er die deutsche Übersetzung der Biographie durchsah, die ihm John Russell widmete, verbesserte er einen für ihn entscheidenden Passus. In der unkorrigierten Fassung des Übersetzers ist zu lesen, dass sich die Bildquellen in *Le Magasin Pittoresque* dadurch auszeichneten, dass sie «im wahrsten Sinne des Wortes geschmacklos waren.» Bei der Korrektur des Manuskripts stieß sich der Künstler an dem Adjektiv «geschmacklos». Er ersetzte es durch «geschmack-los». Leider wurde diese kapitale

Richtigstellung Max Ernsts in der gedruckten Ausgabe nicht übernommen. Und doch unterstreicht nichts besser die Einstellung, mit der er den Inhalt der Ausgangsdarstellungen wahrnahm. Max Ernst legte offensichtlich im Umgang mit den Vorlagen Wert auf die Indifferenz.

Kombinatorik von Reproduktion

Ein hervorstechendes Beispiel für die Bearbeitung vorgefundener Illustrationen liefert das Blatt *Leimbereitung aus Knochen*. Eine Reihe von Werken, zu denen gleichfalls Reproduktionen aus Druckschriften benutzt wurden, geht dem Blatt voraus. Dazu gehören die Übermalungen von Illustrationen aus Lehrbüchern. Diese verwandeln sich auf diese Weise in geheimnisvolle Landschaften und ungesehene botanische oder zoologische Züchtungen. Es kommt dabei zu Wirkungen, die sich dem Genre Stillleben annähern. Die Funktion eines Blattes wie *Leimbereitung aus Knochen* reicht über die vorausgehenden Dada-Werke hinaus: die Kombinatorik vorgefundener Reproduktionen liefert die Voraussetzung für die maschi-

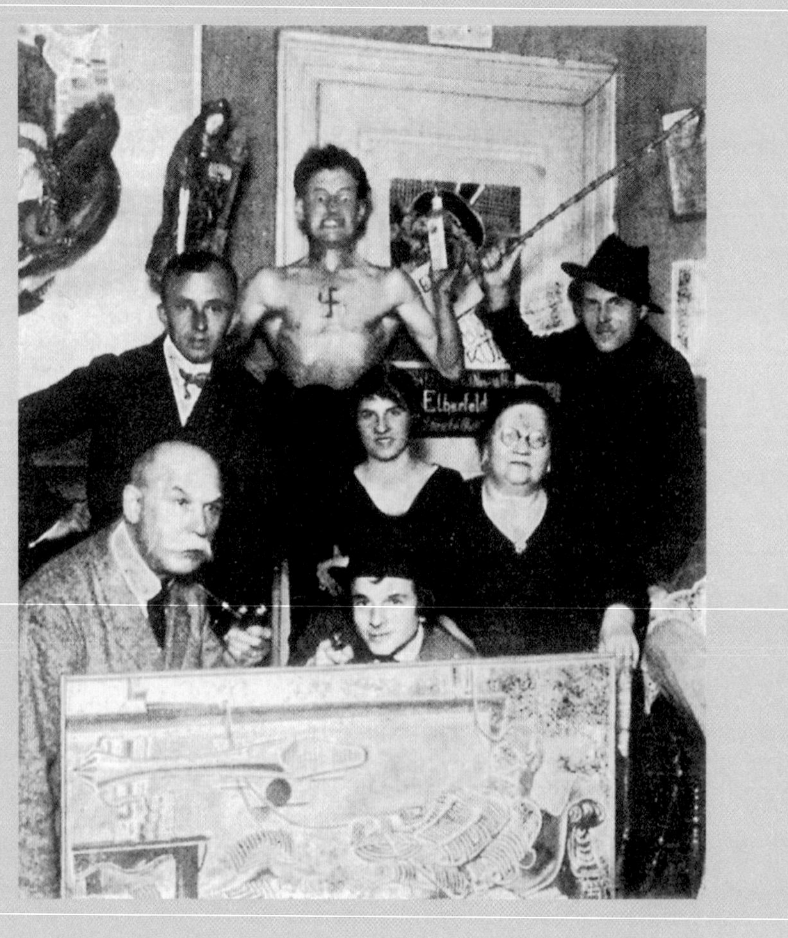

Abb. 7 Photographie Herbst 1921 mit dem Gemälde *Leimbereitung aus Knochen.* Rechts die berühmte Mutter Ey, die während des Ersten Weltkriegs in Düsseldorf eine Galerie eröffnet.

nelle Reproduzierbarkeit, die nicht nur für das Vorgehen Max Ernsts, sondern für einen Teil der künstlerischen Praxis der Nachkriegszeit das Modell abgeben kann. Die Entstehung und die Auswertung von *Leimbereitung aus Knochen* sind dafür bezeichnend. Denn kurze Zeit nach der Fertigstellung der Collage entsteht ein Gemälde mit dem identischen Motiv. Der Künstler gibt ihm denselben Titel. Das Gemälde wurde im Zweiten Weltkrieg bei einem Bombenangriff in Berlin zerstört.

Eine zeitgenössische Fotografie (Abb. 7) einer klamaukhaften Szene, in der das Bild zwischen Freunden des Künstlers auftaucht, zeigt eine größere Partie der Arbeit.

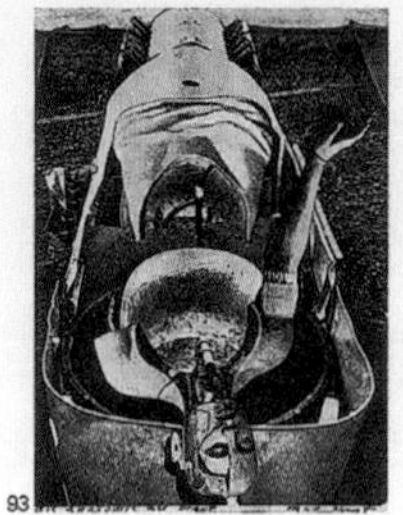

93

DADA

IN TIROL

AUGRANDAIR

DER SÄNGERKRIEG

TARRENZ B. IMST 16 SEPTEMBRE 1886--1921 1 FR. 2 MK.
EN DEPOT AU SANS PAREIL 37 AVENUE KLÉBER PARIS

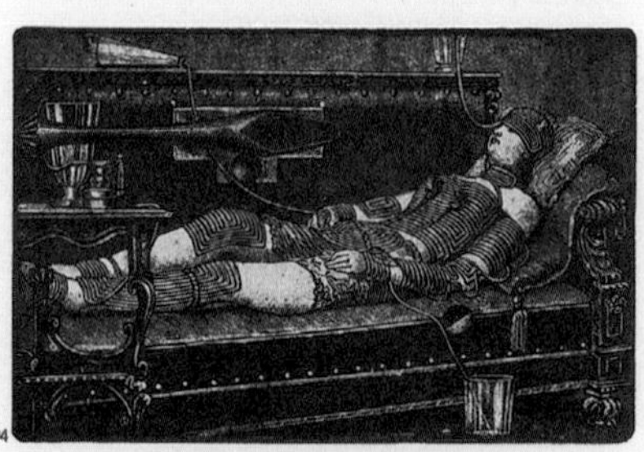

94

MAX ERNST: Die Leimbereitung aus Knochen
La préparation de la colle d'os

Abb. 8 «Dada au grand air. Der Sängerkrieg in Tirol», 1921

Max Ernst
und die Totalcollage

Der Sängerkrieg in Tirol

Doch wir kennen die komplette Komposition der *Leimbereitung* dank der Collage, die auf der ersten Seite des Manifests «Dada au grand air. Der Sängerkrieg in Tirol» (Abb. 8). abgebildet ist. Die Vignette dokumentiert ein wichtiges Ereignis in der Geschichte Dadas und in der Beziehung zwischen Max Ernst und der Pariser Gruppe. Die künftigen französischen Freunde um Breton, Aragon und Éluard wollten nach der Max-Ernst-Ausstellung «Au-delà de la peinture», die sie 1921 in der Pariser Galerie *Au Sans Pareil* organisiert hatten, den Künstler endlich kennenlernen. Da dieser kein Visum für eine Reise nach Paris erhalten konnte, verabredete man sich für den Sommer zu einem gemeinsamen Ferienaufenthalt in der Nähe von Innsbruck. Erleichtert wurde dieses Treffen in Tirol dadurch, dass das Leben in Österreich verglichen zu Deutschland, Frankreich oder der Schweiz eher preisgünstig war. Ein Teil der Gruppe konnte mehrere Wochen im Gasthof *Sonne* in Tarrenz bei Imst verbringen.

Eine kleine Druckerei in Innsbruck besorgte die Auflage des Manifests «Dada au grand air. Der Sängerkrieg in Tirol» mit der Vignette Max Ernsts. Das vierseitige Pamphlet trägt unter dem Titel Ort und Datierung der Publikation: «TARRENZ B. IMST 16 SEPTEMBRE 1886–1921. 1 FR. 2MK.»[1] Auch Hans Arp hatte zwei Holzschnitte zur Publikation beigesteuert. Für den Drucker hatte Max Ernst auf den Karton, der die Collage präsentierte, handschriftlich die Anweisung notiert: «Strichätzung in Originalgröße». In allen Collagen, die von Holzstichen ausgehen, dominiert im Unterschied zur Autotypie eine auffällige Rasterung. Die Begegnung der Raster, das Sträuben der Linien, das beim Zusammentreffen verschiedener Bildzitate zustande kommt, verleiht den Collagen eine Spannung und Lebendigkeit, die in den Blättern selbst, die Max Ernst zu Collagen verarbeitet, fehlt. Dank der Vielfalt der Raster, die aufeinanderstoßen, kommt die Handschrift zustande, die die Collagen unverwechselbar als Werke Max Ernsts erkennen lässt. Nach der Rückkehr aus Tirol macht sich der Künstler in Köln, wie erwähnt, sofort heimlich daran, das Motiv der kleinen Collage und die Rasterung des Motivs auf die Leinwand zu übertragen. Und offensichtlich ging die Arbeit an dem Bild überaus schnell voran. Denn bereits am 8. Oktober 1921 informiert Max Ernst Tristan Tzara in einem Brief über das Ergebnis. In dem Schreiben lesen wir: «Von *Leimbereitung aus Knochen* habe ich eine sehr genaue Vergrößerung (70 cm x 220 cm), Ölfarbe auf Leinwand angefertigt. Das Bild ist sehr stark farbig u. wirkt natürlich noch viel irrsinniger als die kleine Reproduktion».[2] Über die Farbigkeit wissen wir nichts Genaueres, kein Zeuge hat sich dazu geäußert. Max Ernst sagte auf meine Frage «unheimliches, giftiges Grün» habe den Kammerton abgegeben. Wir begegnen Grün regelmäßig in Arbeiten, die eine düstere, teuflische Stimmung anzeigen, zum Beispiel in *La nuit rhénane* oder in *Die Versuchung des heiligen Antonius*.

Von der Collage zum Gemälde – Die Verwendung des Episkops

Einige Monate später, am 2. Februar 1922, notierte Max Ernst in einem Schreiben an Tzara einen Satz, der sich auch auf den «irrsinnigen» Inhalt von *Leimbereitung aus Knochen* beziehen kann: «J'ai fait quelques tableaux méphistophéliques».[3] Das bedeutet nun einen kapitalen Einschnitt in der Geschichte der Avantgarde: der Weg zur Malerei führt über eine primär nichtkünstlerische, kombinierte Realität, von der Collage auf die Leinwand. Max Ernst war sich der Neuerung bewusst, und er hat sie auch für sich reklamiert. In *Au-delà de la peinture* unterstreicht er dies und schreibt: «Vergessen wir nicht das weitere Ergebnis der Collage: die surrealistische Malerei, zumindest was einen ihrer zahlreichen Aspekte angeht, nämlich denjenigen, den ich zwischen 1921 und 1924 als Einziger ausarbeitete.»[4] Historisch handelt es sich um einen faszinierenden Schritt, dem der Rückverwandlung von Collage in Malerei. Bei Picasso, Braque und Juan Gris lässt sich scheinbar etwas Vergleichbares feststellen. Auch sie gaben zu einem bestimmten Zeitpunkt das «papier collé» auf. Doch es ging ihnen nie wie Max

Ernst darum, Collage hinter Malerei zu verstecken. Allein Juan Gris suchte Wirkungseffekte des «papier collé» als Trompe-l'oeil in der Malerei weiterzuführen. Als Erster hat Aragon auf das Neue im Verfahren Max Ernsts hingewiesen. Er schrieb dazu: «Max Ernst brachte es fertig, die Illusion der Collage zu vermitteln, ohne zur Collage selbst zu greifen. Er überließ sich fast ausschließlich der Malerei und malte ziemlich großformatige Bilder».[5] Bei der Vergrößerung der Vignette aus «Dada au grand air» wurden die Details und die Proportionen der Collage übernommen. Offensichtlich benutzte der Künstler für die Übertragung auf die Leinwand ein Episkop, ein Gerät, das in der Klassenstube des Vaters regelmäßig dem Unterricht diente. Die Vorlage für das Bild, die Originalcollage, bekam damals niemand zu sehen. Dies war im Übrigen die Regel in der frühen Zeit: Max Ernst präsentierte auf keiner Ausstellung die Collagen aus Holzstichen, die er drucken ließ oder die er in Gemälde umsetzte. Sie blieben ausnahmslos Vorlagen für die Reproduktion, oder wie Max Ernst im Gespräch meinte, «Partituren», nach denen gedruckt werden konnte. Zudem besaßen sie damals auch keinen Handelswert. Erst zu Beginn der Dreißigerjahre ändert sich dies mit einer neuartigen Suite von Werken. Die umfangreiche Serie der Loplop-Collagen spielt mit dem augenfälligen Kontrast der Elemente, die in den Blättern aufeinandertreffen. Die großformatigen Arbeiten laden den Betrachter dazu ein, die Herkunft der verschiedenen Komponenten aufzuspüren. Ihr Aufbau rückt auf diese Weise in die Nähe der «papiers collés» von Braque und Picasso, die in der Ausstellung «La peinture au défi» erstmals in größerem Umfang zu sehen waren. Das kubistische «papier collé» setzt die Zitate aus dem Bereich des Reproduzierten, die Ausschnitte aus der Tageszeitung oder Fragmente von Tapetenmustern –, so ein, dass sie als Spolien erkennbar bleiben.

Collage und «meisterhafte Strichführung»

Die Bezeichnung Collage taucht im Übrigen vor der Ausstellung «La peinture au défi» im Jahr 1930 nirgends bei Max Ernst auf. In den Publikationen, die zuvor Klebebilder abbildeten, war von Zeichnungen die Rede. Seine «meisterhafte Strichführung» wird mit der von Künstlern der deutschen Renaissance verglichen. Auch Walter Benjamin lässt sich 1927 täuschen. Er registriert, dass Max Ernst für das Titelblatt von »Répétitions» vier kleine Jungen (Abb. 9) gezeichnet habe.[6]

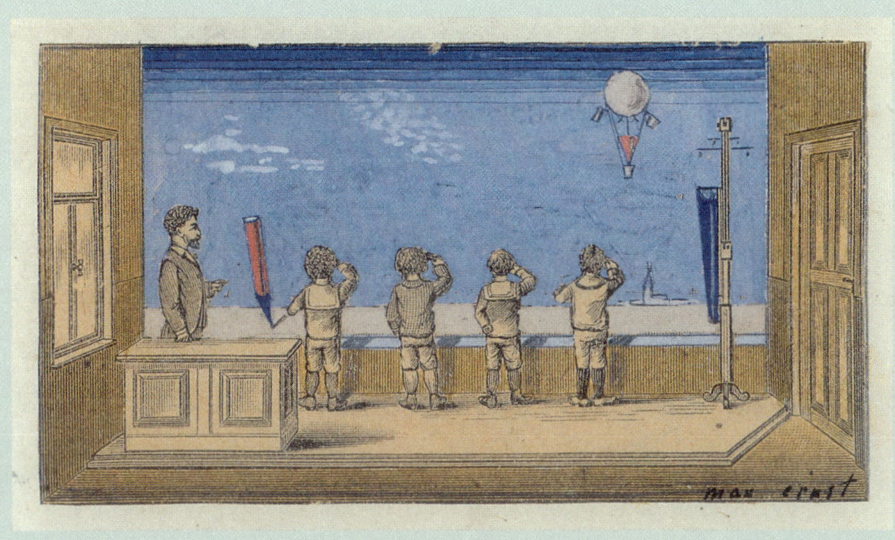

Abb. 9 Max Ernst, *Ohne Titel,* 1921, Privatsammlung

Und Aragon unterstützt die Verwirrung. Er notiert einige Jahre zuvor zu den Collagen für «Répétitions» und «Les Malheurs des Immortels»: «Um diese Zeit machte Ernst für zwei Bücher von Eluard Zeichnungen.»[7]

Franz Roh beschreibt 1925 mit folgenden Worten die Illustration, die Éluards Gedicht *La Parole* in «Répétitions» begleitet: «Die … Graphik zeigt penibelste Durchzeichnung der Einzelwirklichkeit inmitten beibehaltener höchster Phantastik.»[8] Mich hat diese Äußerung, die auf Stilistisches verweist, amüsiert, hatte ich doch herausgefunden, dass dem Blatt *La parole* (Abb. 10) die Reproduktion eines Dürerstichs zugrunde lag. Der Eva aus dem Kupferstich *Adam und Eva* (1504) schnitt Max Ernst Kopf und Füße ab. Auf diese Weise wurden die ursprünglichen Proportionen der Figur unkenntlich gemacht. Max Ernst hat solche Fehlurteile encouragiert, ging es ihm doch um die Mystifikation des Entstehungsprozesses. Im Mittelpunkt steht für ihn die Anfertigung unerklärlicher, technisch jedoch absolut plausibler Bilder, die die Frage nach der Herkunft des Materials und nach der Verarbeitung unbeantwortet lassen. Ab 1920 greift der Künstler, wie erwähnt, zu verschiedenen Prozeduren, um die Entstehung der Blätter zu verschleiern. Dazu gehört, dass er die originalen Vorlagen nicht aus der Hand gab. Entweder vernichtet er die Klebebilder, die als Vor-

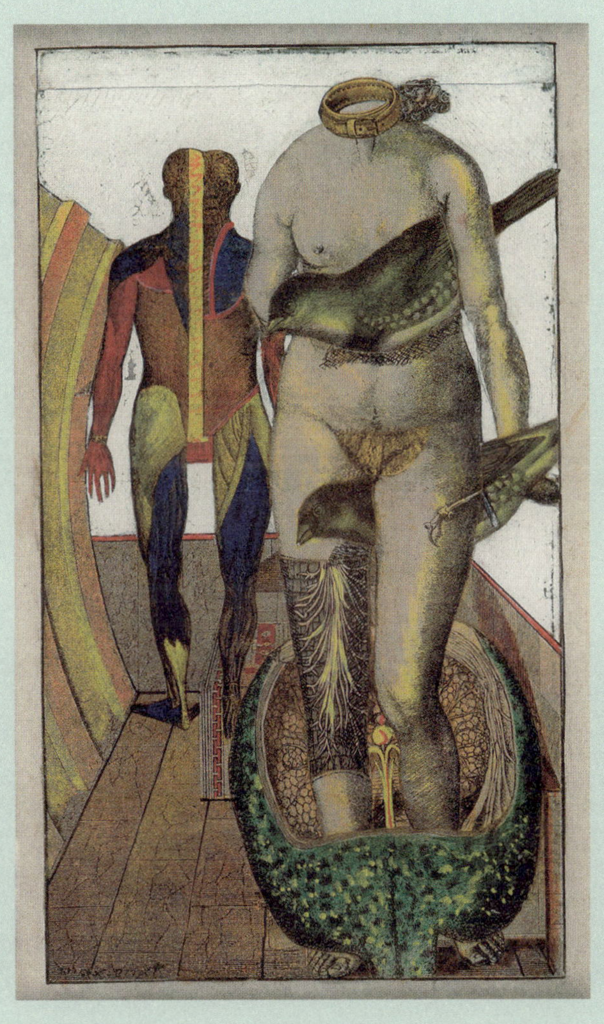

Abb. 10 Max Ernst, *Das Wort (Vogelfrau),* 1921, Privatsammlung

lagen für den Druck oder als Entwürfe für Bilder bestimmt waren, oder er überarbeitet sie derart stark mit pastoser farbiger Gouache, dass sich die Schnittstellen und die verschiedenen Papiertöne, einmal eingerahmt und unter Glas, nicht mehr entdecken ließen. Zu den Mitteln, die Arbeitsweise zu verschleiern, gehört sehr früh die Verwendung von Fotografie. Eine Positivmontage, in der die Schnittstellen offenliegen, fotografiert der Künstler und präsentiert die Abzüge gerne in einem stark vergrößerten Format. Die unterschiedlichen Papiertöne und Schnittstellen werden dabei eliminiert, und der Betrachter glaubt, die Wiedergabe einer unerklärlichen Erscheinung zu sehen. Das Medium Fotografie fordert dazu auf, das Abgebildete als eine unbekannte, noch nicht erforschte Realität zu akzeptieren.

Totalcollage und «Diathermie-Behandlung»

In der Collage *Leimbereitung aus Knochen* reduziert Max Ernst den eigenen Anteil an der Arbeit auf ein Mindestmaß. Er liefert das, was man eine Totalcollage nennen kann.

Wir kennen eine solche totale Besetzung des Bildraums mit Spolien nur noch von Schwitters. Doch es gibt eine inhaltliche Differenz. Schwitters' Arbeiten greifen nicht auf das breite Inventar der reproduzierten Welt zurück. In ihnen taucht auch nirgends die irritierende Thematik auf, die bei Max Ernst die poetische Düsternis des Surrealismus ankündigt. Der Rohstoff, den der Merz-Künstler verwertet, entstammt einem überschaubaren Bereich, dem der Bürokratie und des Abfalls. Der Papierkorb transponiert die Patina des Verbrauchten und Entwerteten in die Blätter. Diese Herkunft springt dem Betrachter sofort ins Auge. Und Hannah Höch, Raoul Hausmann oder George Grosz, die zu einigen Blättern ebenfalls Drucksachen und Fotografien verarbeiten, gehen vorzugsweise von Dokumenten aus, in denen politische und soziale Inhalte im Vordergrund stehen. Hinter dem Unharmonischen, schlecht Assortierten stecken politisch-soziale Aussagen, die wie unübersehbare Transparente erkennbar die Aktualität anprangern. Im Falle der Totalcollage *Leimbereitung aus Knochen* handelt es sich um eine readymade-artige Verwendung der Vorlage. Ich habe diese technische Variante im Werk mit dem Begriff «Analytische Collage» bezeichnet. Dies bedeutet, dass die Komposition von einer Abbildung ausgeht, die unverändert übernommen wird. Der Bildträger wird mithilfe weniger Accessoires verändert. Bei dieser Form von

Collage werden im Unterschied zu den «synthetischen Collagen» keine differenten Bildausschnitte aus verschiedenen Quellen zu einer neuen Einheit zusammengesetzt. Der *Leimbereitung* liegt offensichtlich eine Illustration zur Diathermie-Behandlung zugrunde. Welcher Publikation Max Ernst das Motiv entnommen hat, wissen wir nicht. Vermutlich entstammt die Darstellung dem Prospekt eines Sanatoriums, das medizinische Therapien anbot. Aus diesem Umkreis scheinen auch Details in den Collagen *tout nu dans la rue* und – für den therapeutischen Schwitzkasten – in *les deux tout* zu stammen. Auf sie treffen wir in den Illustrationen zu Max Ernsts und Éluards Gemeinschaftswerk *Les malheurs des immortels*. Diese medizinische Herkunft legen Formulierungen auf der ersten Seite des Manifests «Der Sängerkrieg in Tirol» nahe. Hier finden wir unter der Überschrift «NET» eine Schilderung, die sich über das Angebot eines Sanatoriums lustig zu machen scheint: «Wir kochen geneigte Herrschaften in Parafin und hobeln sie auf.» Franz Roh und Jan Tschichold haben 1929 wohl in Anspielung auf Max Ernsts *Leimbereitung aus Knochen* in *foto-auge* ein zeitgenössisches Foto des medizinischen Verfahrens publiziert (Abb. 11). Wie kommt nun der Künstler dazu, gerade dieses Motiv auszuwählen? Nicht die, in den Worten Max Ernsts, «irrsinnige» Illustration allein, die den Körper in einer verwirrenden Situation

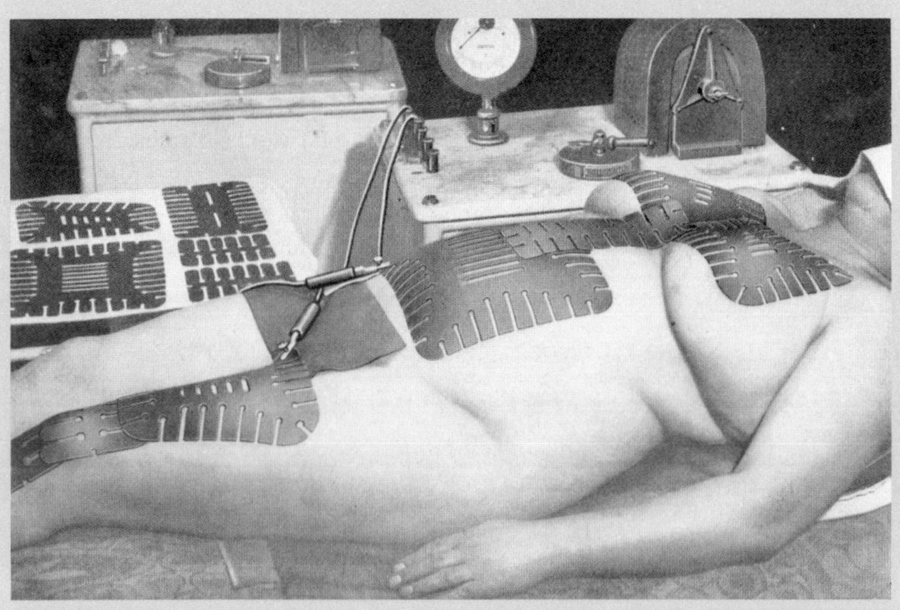

Abb. 11 *Diathermie-Behandlung,* 1929, in Franz Roh «Foto-Auge»

zeigt, kann der Anstoß dafür gewesen sein. Die Wahl hat zweifellos mit dem thematischen Schwerpunkt zu tun, den man in den Kriegsjahren und in der Nachkriegszeit auch in den Arbeiten von Max Ernsts Generationsgenossen feststellt. In ihren Bildern und Zeichnungen nehmen klaustrophobe Situationen überhand. Bei Max Ernst wird diese Angststörung zum zentralen Thema einiger seiner berühmtesten frühsurrealistischen Arbeiten. Dazu gehören neben *Leimbereitung aus Knochen* die Werke *Oedipus Rex*, *Es lebe die Liebe oder Pays charmant*, *La femme chancelante*, *Ubu Imperator* und *Sainte Cécile*. In diesen Bildern und in mehreren Collagen für «Répétitions» oder «Les malheurs des immortels» sowie in den Zeichnungen, die für «Littérature» entstehen, forcieren Apparaturen und Inszenierungen den Körper in eine Zwangsjacke.

«Schützengrabenkrankheiten» und klaustrophobe Kriegsbilder

Mithilfe der Diathermie, die in der Vorlage für *Leimbereitung aus Knochen* in einem eher mondänen Ambiente präsentiert wird, versuchte man in Lazaretten und Sanatorien die «Schützengrabenkrankheiten» der Verwundeten und Verschütteten zu therapieren. Das Diathermie-Verfahren, das den Leib zu einem leblosen Paket verschnürt, gehört zur Evokation der klaustrophoben Kriegsbilder. 1915 war zu dem Verfahren in Berlin-Siemensstadt die Schrift «Das Diathermieverfahren in Kriegslazaretten» des Ingenieurs O. Friedrich erschienen. Krieg, Verletzung, Zerstückelung, Amputation werden ein zentrales Thema für die Dadaisten. Bilder von zusammengeflickten Krüppeln, die Akkumulation von Prothesen nehmen bei Dix, Grosz, Schlichter und Hausmann überhand. Darauf hat Breton in seinem Vorwort zu Max Ernsts Collageroman *La femme 100 têtes* hingewiesen. Wir stoßen dort auf einen Satz, der sich auf die Zerstückelung in der Collage bezieht: «Man kann eine Hand verfremden, indem man sie vom Arm trennt.»

Und Breton ergänzt die Bemerkung mit dem unerhörten Zusatz: «und sie gewinnt dabei als Hand». Der Phantomschmerz, den

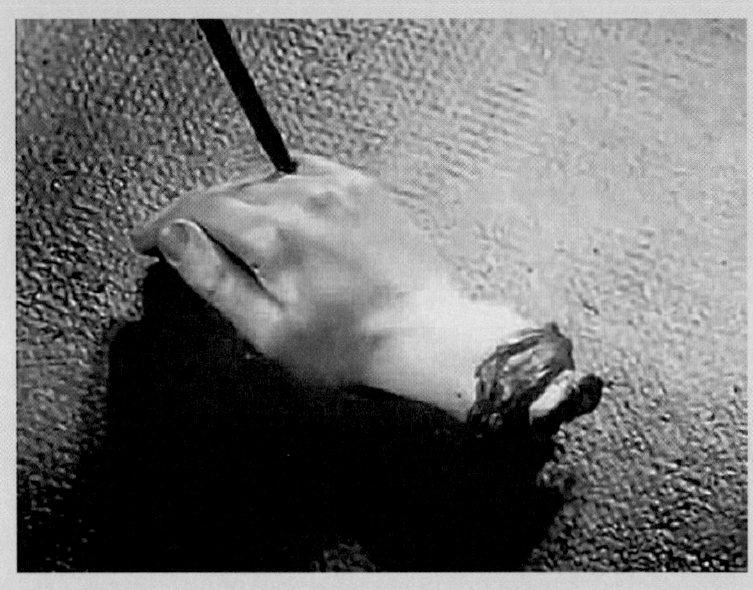

Abb. 12 Luis Buñuel, Szene aus *Un Chien Andalou* (Ein andalusischer Hund) 1929

das Abgeschnittene in den Collagen hervorruft, steigert sich zu dem Interpretationsnotstand, den die großen surrealistischen Entwürfe hervorrufen. Dalí und Buñuel sollten das Motiv der abgetrennten Hand, das in Max Ernsts Bildroman *La femme 100 têtes* auftaucht, im Film *Un Chien Andalou* (Abb. 12) auf unvergessliche Weise nachstellen. Im Szenario für den Film schreibt denn auch Buñuel in «La Révolution Surréaliste»: «*Un Chien andalou* gäbe es ohne den Surrealismus nicht.»[9]

Nur wenige Elemente hat Max Ernst der Illustration, auf die er in Tarrenz gestoßen ist, hinzugefügt. Dazu gehört ein überdimensionierter Schraubenzieher, der links oben über dem Körper schwebt. Er könnte zum Ausdruck bringen, dass es einer monumentalen Anstrengung bedarf, um zum behüteten Geheimnis des Blattes vorzudringen. Einen wichtigen Hinweis liefert – und das unterstreicht auch der Titel *Leimbereitung aus Knochen* – das Absaugen von Körpersäften. Um die Elektroden, die den Körper mit der Apparatur verbinden, zu fixieren, werden Gummibänder und Bandagen verwendet. Die Schläuche und Gläser spielen auf ein Laboratorium, auf Produktion an. *Leimbereitung* selbst verweist auf Kleister, auf Zusammenkleben verschiedener Elemente, auf Collage.

«Mephistophelische Bilder»

Dilettantismus als Strategie – «Der Weg ins Freie»

Es gilt, auf das Schreiben Max Ernsts an Tzara vom 2. Februar 1922 zurückzukommen. Dieses dokumentiert einen entscheidenden Moment im Werk, eben den Beginn des eigenen Wegs ins Freie. In dem Brief treffen wir auf die bereits zitierte Stelle «J'ai fait quelques tableaux méphistophéliques»[1]. Mit dieser Äußerung unterstreicht der Künstler die Neuausrichtung, die in seinen jüngsten Bildern spürbar wird. *Leimbereitung aus Knochen*, *Oedipus Rex*, *Elefant Celebes* oder *Ubu Imperator* tauchen unvermittelt im Werk auf. Sie können sich auf nichts berufen, was sich aus dem Bereich der Kunst dieser Jahre anführen ließe. Zudem vermag keine Interpretation diese überdeterminierten, in verschiedene Richtungen weisenden Bilder zu deuten und zu bändigen. Sie sorgen dafür, dass sich der Betrachter in ständig neuen Mutmaßungen verliert. Auf die Stimmung, in die sie den Betrachter versetzen, passt das Fazit, mit dem Beckett seinen Proust-Essay beschließt. Der Autor schrieb nach der Lektüre der *Recherche*, die Kunst habe «parfaitement compréhensible et totalement inexplicable»[2] zu sein. Max Ernst selbst stand ratlos vor der knirschenden Mischung aus Perfektion und Unergründlichkeit, die er hervorbrachte. Er meinte, was den Inhalt angehe, dürfe man gerne Vermutungen anstellen, doch auf definitive Antworten habe man zu verzichten. Es sei in diesem Zusammenhang an seine Warnung erinnert, die ich unter dem Titel «Fragen der Interpretation» in dem Aufsatz «Die Dauer des Blitzes» zitiert habe. Die Formulierung bezieht sich auf eine Stelle in Dostojewskis *Der Idiot*, ein Buch, das – wie zu zeigen sein wird – eine bedeutende Rolle für Max Ernst spielt.

Gala und Paul Eluard bei Max Ernst in Köln

Als im Herbst 1921 Gala und Paul Éluard Max Ernst in Köln besuchen, konnten sie neben dem jüngsten Bild *Leimbereitung aus Knochen* auch eine Reihe früherer Arbeiten der Dada-Periode sehen. Dazu zählten die Reliefs à la *Frucht einer langen Erfahrung*, zahlreiche Übermalungen, die Klischeedrucke und Fotoarbeiten. Andere, vergleichbare Werke auf Papier hatte Éluard bereits im Frühjahr in der Pariser Ausstellung kennengelernt. Entscheidend war die Entdeckung von Bildern. Ein großes Gemälde, *Der Elefant von Celebes* (Abb. 13), sah Éluard im Atelier. Er erstand das Bild und nahm es mit nach Paris. Der Titel, der ohne Beziehung zum Inhalt der Darstellung ausgesucht wurde, soll, nach Max Ernst, auf einen Spottvers zurückgehen: «Der Elefant von Celebes / Hat hinten etwas Gelebes / Der Elefant von Borneo / der hat dasselbe vorneo.»[3]

Das Bild gehört fraglos zu den Arbeiten, die Max Ernst in dem zitierten Brief an Tzara mit dem Hinweis «J'ai fait quelques tableaux méphistophéliques»[4] charakterisierte. Der Hinweis auf die «tableaux méphistophéliques» geht möglicherweise auf Max

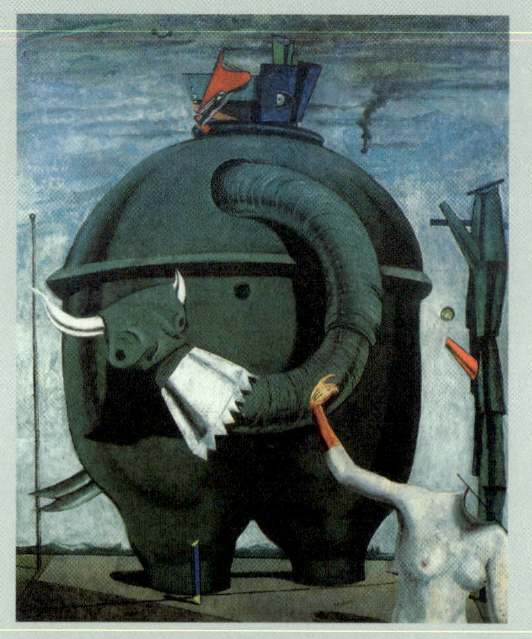

Abb. 13 Max Ernst, *Der Elefant Celebes,* 1921, Tate Gallery of Modern Art, London

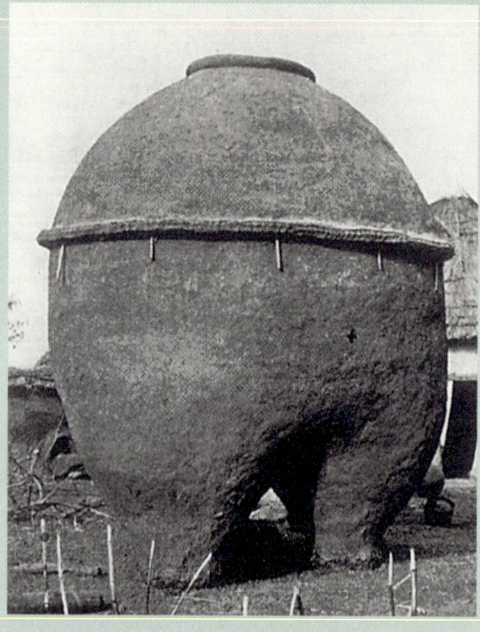

Abb. 14 Getreidesilo, Südsudan

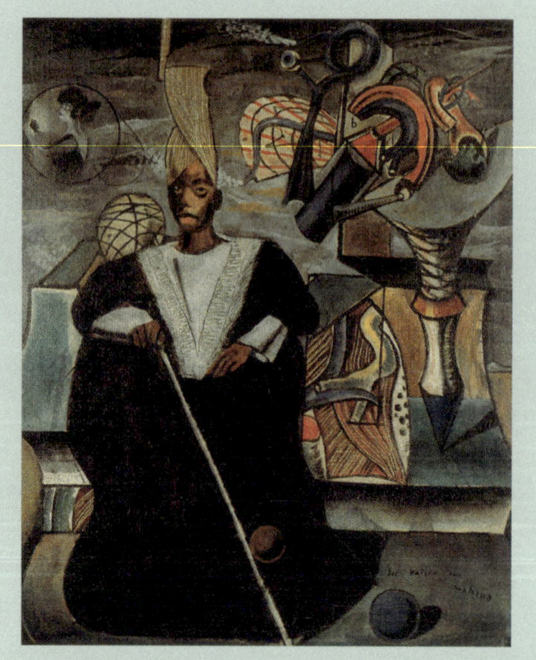

Abb. 15 Max Ernst, *Der Kaiser von Wahaua,* 1920, Museum Folkwang, Essen

Ernsts Vertrautheit mit dem «Démon Béhémoth» aus Collin de Plancys *Dictionnaire infernal* (1863) zurück.[5] Das zweibeinige Monstrum wird in der Illustration im *Dictionnaire* mit einem prallen, kesselförmigem Bauch und Elefantenrüssel dargestellt. Wir haben in *Vox Angelica: Max Ernst und die Surrealisten in Amerika* gezeigt, dass Max Ernst mit dieser Publikation vertraut war. Denn nach seiner Ankunft im New Yorker Exil hat er die Holzschnitte im Werk von Plancy erneut zur Illustration herangezogen. Wie für *Leimbereitung* gibt es auch für den *Elefant* eine wörtliche Vorlage, keinen Holzstich, sondern wie Roland Penrose, der spätere Besitzer des Bildes, entdeckt hat, die Fotografie eines aus Lehm errichteten Getreidesilos des Stamms der Konkomba aus dem südlichen Sudan (Abb. 14). Max Ernst übernahm Formen und Proportionen des Kornhauses unverändert. Auch für das Bild *Der Kaiser von Wahaua* (Abb. 15), griff der Künstler auf eine Fotografie aus dem afrikanischen, ethnologischen Bereich zurück.

Es handelt sich um die Aufnahme des Königs Daudi aus Emil Ludwigs *Die Reise nach Afrika*, die zuvor schon Oskar Schlemmer zu einer Paraphrase animiert hatte.[6]

Elefant Celebes und Picassos Entwürfe für Monumentalskulpturen

Es ist spannend, *Celebes* neben die Entwürfe für biomorphe Skulpturen (Abb. 16) zu stellen, die Picasso Ende der Zwanzigerjahre plante. In dem Aufsatz «Projets de Picasso pour un monument» schrieb Christian Zervos 1929: «In Cannes, im Sommer 1927, zeichnete Picasso Skulpturen, die sich von all denen, die er zuvor realisiert hatte, unterschieden. Es ging um eine Serie von Monumenten, die der Künstler in seiner Vorstellung auf der Strandpromenade der Croisette verteilt sah.»[7]

Bei den Skizzen, die Zervos veröffentlichte, handelte es sich keineswegs um konzeptuelle Etüden. In der Tat hatte Picasso damals Beispiele von großformatigen Realisationen vor Augen. Der Beitrag André Gides, «Architectures nègres», der gleichfalls im Jahr 1927 in den «Cahiers d'Art» erschien, wurde von Aufnahmen haushoher Lehmarchitekturen aus dem Tschad und aus Kamerun begleitet.[8] Diese Quelle war für Picasso die Bestätigung dafür, dass sich biomorphe, in Ton modellierte Entwürfe technisch in großem Maßstab ausführen lassen. Gide hat darauf in seinem Kommentar hingewiesen: «Diese Hütte entstand wie eine Vase in Handarbeit und ist daher nicht die Arbeit eines Maurers, sondern vielmehr die

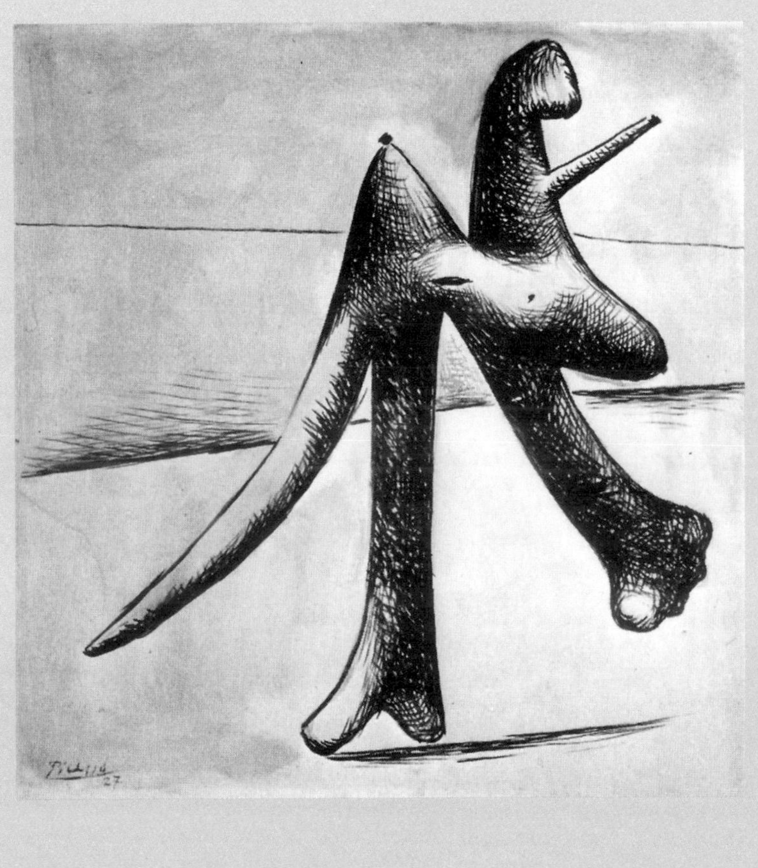

Abb. 16 Pablo Picasso, *Badende,* 1927, Privatsammlung

eines Töpfers.»[9] Picasso hat mir seinen Plan mit einem Wort bestätigt, das jeden skeptischen Einwand wegfegen musste: »Tout est réalisable». Man kann die Entwürfe Picassos in die Nähe des massigen *Celebes* rücken. Die ethnologische Referenz – der Getreidespeicher – spricht dafür. Ein Jahr nach der Publikation des Aufsatzes von André Gide veröffentlichte André Breton in *Nadja* eine Fotografie des «Colombier» im «Manoir d'Ango», dessen runde, kompakte Form an *Elefant Celebes* und an die afrikanischen Lehmarchitekturen denken lässt.

Seestück, Sandwüste Dalís und Thomas Coles *Pokal des Riesen*

Im Jahr, in dem *Celebes* entsteht, malt Max Ernst auch das kleinere *Seestück* (Abb. 17), das, wie *Elefant Celebes*, eine voluminöse Form ins Zentrum der Komposition rückt. Der Kessel, ein riesiger mit einem Deckel verschlossener Topf aus Ton, steht in einer weiten, sandfarbenen Landschaft. Diese kündet die Einöde, die gelbe Wüste in zahlreichen kommenden Bildern Dalís an. Im Vordergrund entdecken wir den Kopf eines leblosen Körpers, der an der Kordel eines Kinnbands durch das Bild geschleppt wird. Auch andere Elemente tauchen in diesen frühen Arbeiten auf, für die innerhalb der Darstellung kein schlüssiger Grund erkennbar ist. Von der Apposition von Fremdartigem leben zudem zahlreiche Studienblätter, die auf die Gruppenaktivitäten, auf Traumerzählungen, die spiritistischen Sitzungen und die intersubjektiven Aktivitäten der Surrealisten wie die Übung des «cadavre exquis» zurückgehen. Sollte mit der unerklärlichen Vision in der Landschaft auf *Der goldne Topf* von E.T.A. Hoffmann angespielt sein? Neben Hoffmanns unheilvoller Büchse der Pandora lässt sich eine weitere Arbeit anführen, in der

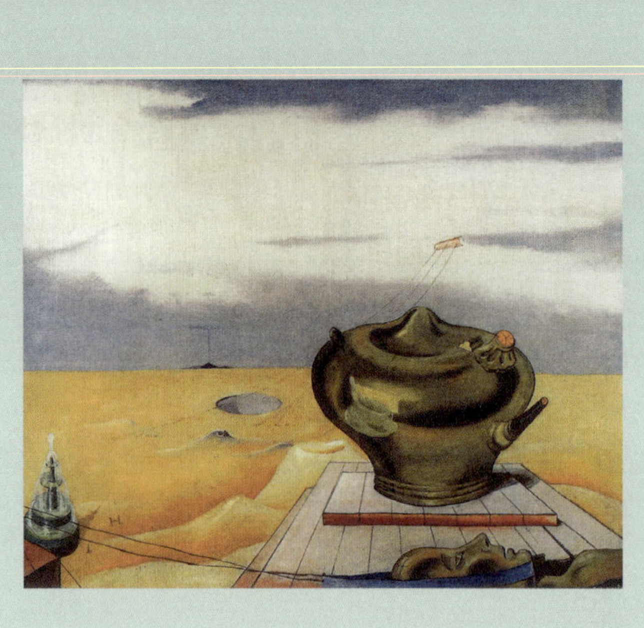

Abb. 17 Max Ernst, *Seestück,* 1921, Privatsammlung

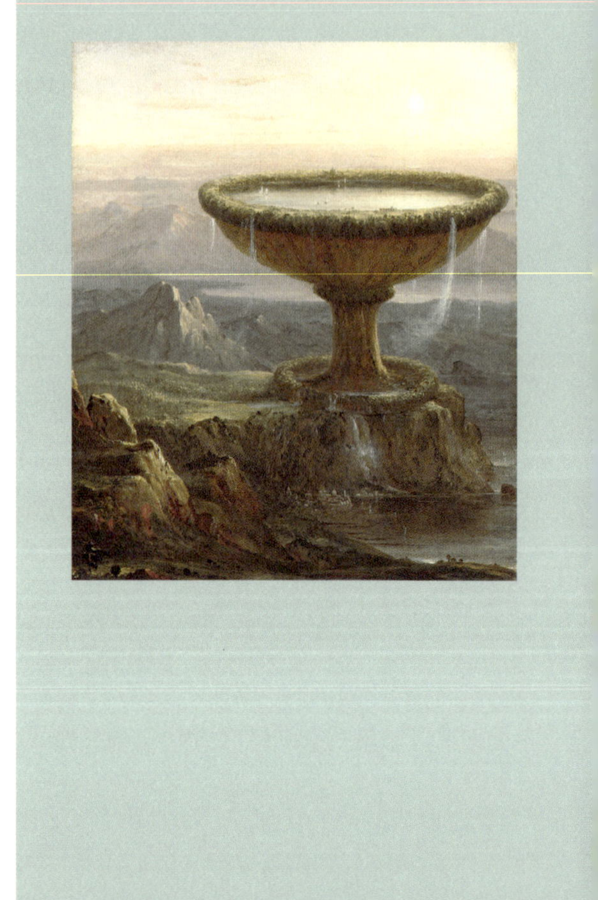

Abb. 18 Thomas Cole, *Pokal des Riesen,* 1833, The Metropolitan Museum, New York

die melancholische Stimmung von *Seestück* regiert, Thomas Coles *Pokal des Riesen* (Abb. 18) aus dem New Yorker Metropolitan Museum. Wir begegnen Swift oder Voltaires Reich des «Micromégas», in dem schwindelerregende Proportionssprünge zur Normalität gehören. Der gigantische, von Vegetation überwucherte Kelch von Thomas Cole erhebt sich vor dem Hintergrund hoher Berge und inmitten der Fluten einer Weltlandschaft, er überragt sie und birgt in seinem Innern einen See, den Schiffe befahren und in dem Stürme toben. Auf den Rand des säuberlich ziselierten Pokals hat Cole Gebäude, Tempel und Bäume platziert. Dies führt zu erregenden Assoziationen. Wir lieben kleine Dinge. Wir denken an Spielzeug, an Modelle, an eine dominierbare und überschaubare Welt. Es ist die Welt, die wir von oben erleben, aus starker, entfremdender Entfernung. Wer erinnert sich nicht an *Nils Holgersons wunderbare Reise mit den Wildgänsen* von Selma Lagerlöf. Auch ein Zitat von Novalis lädt zu diesem Sehen aus der Distanz ein. In *Heinrich von Ofterdingen* treffen wir auf eine Stelle, die schildert, wie der träumende Betrachter in die Bläue des Azurs hineingezogen wird: «als auf einmal das Kind zusehendst wuchs, immer heller und glänzender ward, und sich endlich mit blendend weißen Flügeln über uns erhob, uns beide in seinen Arm nahm, und so hoch mit uns flog, dass die Erde nur wie eine goldene Schüssel mit dem saubersten Schnitzwerk aussah.» *Der Pokal des Riesen* entwirft eine betörende fragile «Welt in der Welt», die ein unsichtbarer Riese in jedem Augenblick herunterzuschlucken droht. Und fraglos gehört Cole mit *The Architect's Dream* oder dem fünfteiligen Zyklus *The Course of Empire* zu den Künstlern, die Max Ernst beschäftigt haben. Im Zyklus *Die ganze Stadt*, in den *Flugzeugfallen*, in *Europa nach dem Regen* stoßen wir auf die Endzeitstimmung, die uns in den geschichtspessimistischen Bildern Coles in den Bann zieht.

«Augenvokale» Galas – Elektrokardiogramm einer Passion

Der Elefant von Celebes besetzt fast die gesamte Fläche der Leinwand. Im Hintergrund wird die Einöde von der Horizontlinie der Berge begrenzt, die bei Max Ernst in den frühen Zwanzigerjahren regelmäßig auftaucht. Der gezackte Umriss zeichnet die Erregung nach, die kurze Zeit später in *La femme visible* (Abb. 19) eine autobiographische Stimmung widerspiegeln sollte.

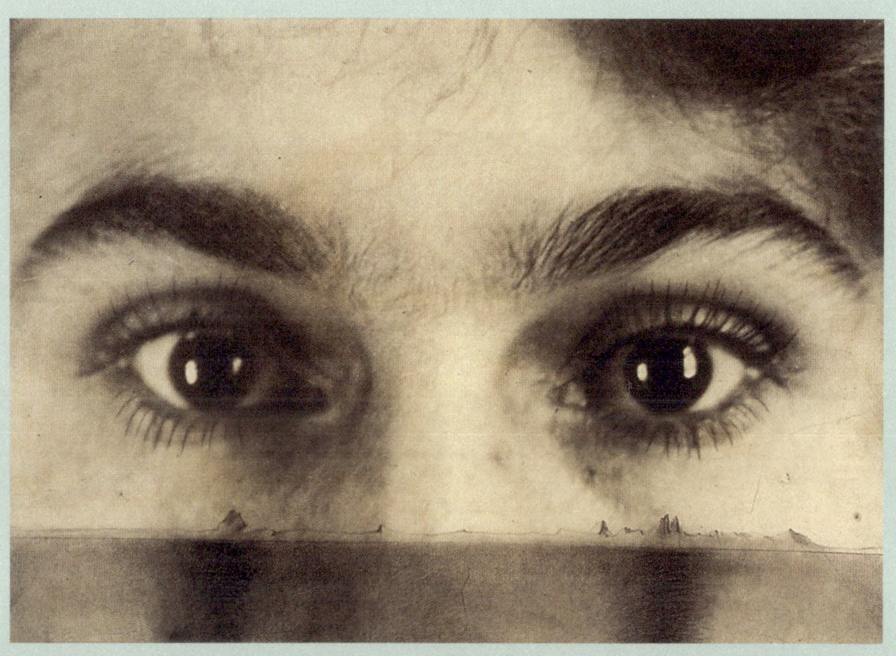

Abb. 19 Max Ernst, *La Femme visible,* 1925, Privatsammlung

Die Arbeit konfrontiert den Betrachter mit den Augen von Gala, nach einer Fotografie von Man Ray wiedergegeben. Wie in den «Tall-Tale Postcards» überfallen, hypnotisieren sie durch ihre Intensität den Betrachter. Max Ernst hat sich, wie er mir berichtete, diesen Ausschnitt des Gesichts seiner Geliebten in einem Fotolabor der Rue du Bac vergrößern lassen. Eine Anregung lieferte eine Stelle von Novalis in dem Band *Neue Fragmente*. Hier lesen wir: «Das *Augenspiel* gestattet einen äußerst mannigfaltigen Ausdruck. Die übrigen Gesichtsgebärden oder Mienen sind nur die Konsonanten zu den Augenvokalen.» Die «Augenvokale» Galas nehmen in der Vergrößerung, die Max Ernst bestimmt hat, fast die gesamte Breite der Bildfläche ein. Mit Graphit trägt der Künstler in die Fotografie erneut seine gezackte Horizontlinie ein. Doch sie wirkt im Kontext der Darstellung viel dramatischer. Ihren Verlauf kann man mit der Aufzeichnung eines Elektrokardiogramms vergleichen. Links und rechts unter den bohrend-schwarzen Pupillen schlägt das EKG heftig aus. Die größten Amplituden der Messung werden in der überzeichneten Fotografie zu Bergspitzen umgedeutet. Die Faszination des hypnotisierenden Ausdrucks der Augen und die Gleichsetzung von höchster Erregung mit höchsten Bergen kann man als Anspielung auf die *Mona Lisa* deuten. Auch bei Leonardo antwortet die dramatisch-zerklüftete, in Schleier gehüllte Bergkulisse einem unergründlichen Blick. Dem Sfumato Leonardos entspricht bei Max Ernst die Verwendung der Frottage, die unter die Augen weiche Schatten zeichnet.

Der Elefant von Celebes suggeriert eine Reihe von Assoziationen. Im Nebeneinander des Stierkopfs, der den Rüssel bekrönt, und in der Aktfigur klingt das Thema «Raub der Europa» an. Doch darüber hinaus lässt sich in dem Zusammentreffen des Ungetüms mit der schutzlosen Frau die Evokation ihrer Entführung durch einen Gorilla entdecken, dank der Frémiet in einer Skulptur mit darwinistischer Dramatik die Zeitgenossen schockierte. Das Thema führt über Max Ernsts *Elefant Celebes* zum größten und berühmtesten Menschenaffen der Filmgeschichte, zu *King Kong.* Ein weiteres Element, die Frau ohne Kopf – die erste *Femme 100 têtes* im Werk –, kann man als Anspielung auf die Beziehung zu Gala lesen, die nun für Jahre alle Affekte dominieren wird. Das Motiv taucht in einer kleinen Skizze auf, die Max Ernst in eine Ansichtskarte eingetragen hat. Von ihr wird noch im Zusammenhang mit *Oedipus Rex* die Rede sein. Die graziöse Geste, die die weibliche Figur mit dem rechten Arm ausführt, lädt das gepanzerte Ungetüm ein, ihr in das Land zu folgen, in dem die «Phallustrade» regiert. Auf dieses Land verweist ein mehrstöckiges Symbol, ein erigierter Schachtelhalm. Die Hörner, die den Kopf am Ende des mächtigen, staubsaugerartigen Rüssels bekrönen, könnte man mit dem Wasserbüffelkult in Toraja-Land auf der Insel Celebes/Sulawesi in Beziehung bringen. Die Stange links, das Loch oben in der Mitte und der Ball, der rechts neben dem grünen Monster schwebt, lassen an ein Geschicklichkeitsspiel, an Bilboquet oder Billard denken. Die Accessoires sind, wie die im gesamten Frühwerk, reich an sexuellen Anspielungen.

Verkehrte Welt und Betäubung der Realität

Den oberen Teil des kolossalen Taucheranzugs bekrönt ein Periskop, das in einen Bereich vorstößt, der offensichtlich unter dem Meeresspiegel liegt: denn in diesem Himmel spielen Fische. Max Ernst spielt wiederholt mit dem Topos der verkehrten Welt. Die Unterwasserwelt hatte er bereits im Titel seiner ersten Pariser Ausstellung evoziert. Sie klingt in der Formel «LA MISE SOUS WHISKY MARIN»[10] an. Hinter der berauschenden Formel vom ultramarinen Blau, Max Ernsts Lieblingsfarbe, versteckt sich die Absicht, die Realität zu betäuben. Eine aquatische Stimmung wird angedeutet, und in der Tat spielt die in eine Sintflut versunkene Welt eine überragende Rolle in der Imagination des Künstlers und seines Doppelgängers, des «blinden Schwimmers». Bereits in Aquarellen, die 1917 an der Front entstehen, in *Kampf der Fische*[11] oder *Sieg der Spindel*[12], begegnen wir solchen Verkehrungen, die Innen und Außen, Oben und Unten außer Kurs setzen. Auch im Bild *Der Kaiser von Wahaua* tummeln sich im Azur Fische.

Der Taumel der Logik spielt auf die verrückt gewordene Welt, die Welt des Krieges an. Nichts im Bild lässt sich logisch erklären. Jeder Hinweis auf eine Realität ist verloren gegangen. Nicht zuletzt verschwindet in *Elefant Celebes* die ethnologische Quelle hinter der grünlichen Panzerung eines riesigen Kerbtiers, das den Betrachter erstarren lässt. In den frühen Collagen tauchen bereits die Insekten auf, die bald für Dalí und Buñuel die hervorstechenden Attribute einer traumatisierenden Verwirrung liefern sollten. Das Modell für Max Ernsts unheimliches Bestiarium liefert Kafka. Es gibt keine größere Nähe der Rätselbilder Max Ernsts als die zu dem Autor der *Verwandlung* und zu Gregor Samsa. In den Collageromanen wird das widerliche Gewusel der Insekten mehr und mehr die Herrschaft an sich reißen. Über den verwirrenden Odradek, die flache sternförmige Zwirnspule, die in der Kurzgeschichte *Die Sorge des Hausvaters* wie ein Kobold durch Treppenhaus und Flur streift, meint Kafka, man wisse so gut wie nichts, selbst die Herkunft des Namens sei unsicher. Und er folgert, nur eines lasse sich mit Gewissheit sagen: «Das Ganze erscheint zwar sinnlos, aber in seiner Art abgeschlossen.» Es ist eine Formulierung, die auf zahlreiche Bilder und Collagen Max Ernsts zutrifft. Dessen Beschäftigung mit Kafka wirkte ansteckend und sorgte dafür, dass Henri Parisot 1938 in seiner Reihe GLM unter dem Titel *Un divertissment* fünf Fragmente aus Kafkas Band *Beschreibung eines Kampfes* erstmals in französischer Übersetzung herausbrachte. Max Ernst steuerte dazu ein Frontispiz bei. Bereits für die Ausgabe von *La Tour de Babel* hatte er im Vorjahr eine Frottage geliefert, die einer Vorzugsausgabe in fotografischer Reproduktion beilag.

Die Sorge des Hausvaters,
Kafka, Labyrinth und Dripping

Zuvor hatte er bereits 1937 in der zehnten Nummer von «Minotaure» *Die Sorge des Hausvaters* aus dem Band *Ein Landarzt* unter dem Titel *Odradek* (Abb. 20) mit einer außerordentlichen Frottage begleitet.

Die Spule, der Zwirn, von denen bei Kafka die Rede ist, tauchen in der Illustration auf. Die Zeichen, die die Schnüre in den Himmel einschreiben, künden das beängstigende Menetekel an, das im amerikanischen Exil die rechte Hälfte von *La planète affolée* beherrscht. Das Motiv, das in Max Ernsts Illustration zum Text *Die Sorge des Hausvaters* dominiert, assoziiert Spinnennetz, Spule, Schnüre und Fäden, Verstrickung und das Garn, das Ariadne Theseus für seine Flucht aus dem Labyrinth mitgibt. Das Motiv führt auch in die Nähe der Illustrationen von Balzacs *Le chef d'œuvre inconnu*, die Picasso 1931 vorlegt[13]. Die Umsetzung des Linienwirrwarrs des Malers Frenhofer, das in Picassos Bildern wie *Maler und Modell*[14] einen Höhepunkt erlebt, assoziiert den Ariadne-Faden und illustriert die Möglichkeit oder Unmöglichkeit einer getreuen Wiedergabe von Realität. Auch können wir, ausgehend von Max

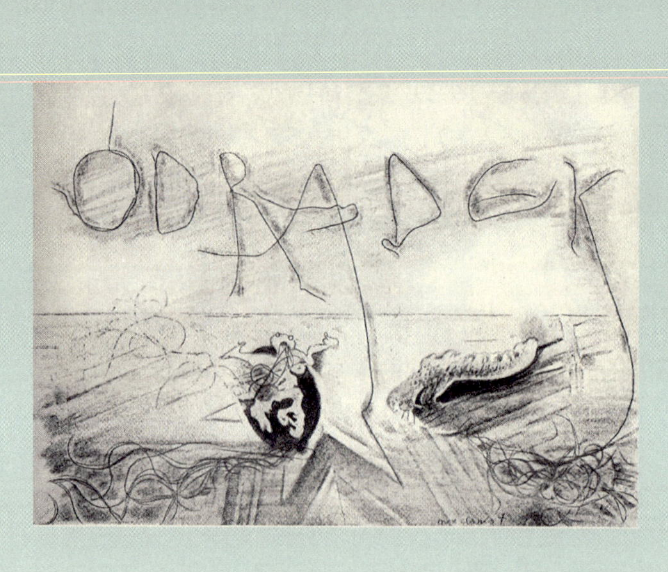

Abb. 20 Max Ernst,
Odradek, 1937,
Privatsammlung

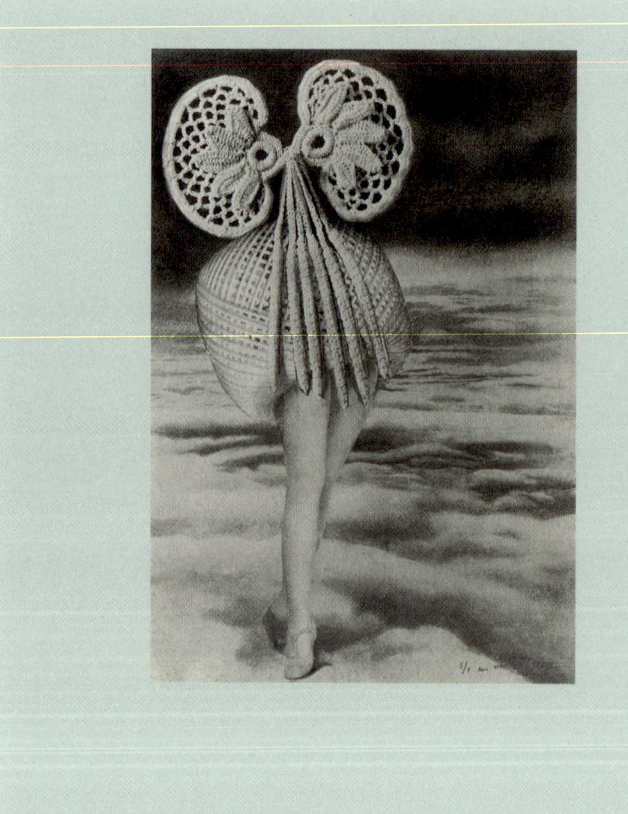

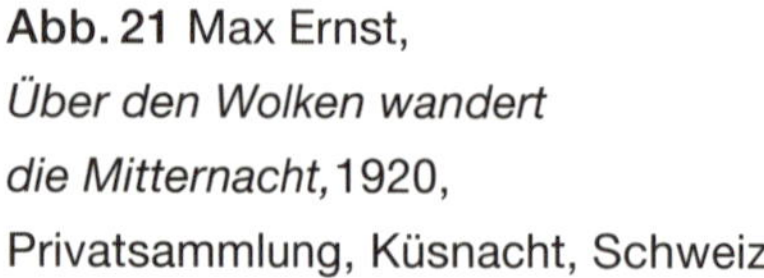
Abb. 21 Max Ernst,
Über den Wolken wandert die Mitternacht, 1920,
Privatsammlung, Küsnacht, Schweiz

Ernsts Beschäftigung mit Schnüren, einer anderen, spannenden Assoziationskette folgen. Marcel Duchamps Readymade *With hidden noise* (New York, 1916), das Garnknäuel, in das der Künstler einen nur ihm bekannten metallenen Gegenstand zwischen zwei Metallplatten einschließen lässt, hat Max Ernst früh beschäftigt. Nicht nur *Über den Wolken wandert die Mitternacht* (Abb. 21) spielt auf diese Arbeit an, die wie der gordische Knoten zur Lösung auf seinen Alexander wartet. Und die Collage *aufbruch zum wunderbaren fischzug* aus *La femme 100 têtes* zeigt, wie aus einem aufgewickelten Telegrafenkabel die Büste einer nackten weiblichen Figur an die Oberfläche steigt. Die Anspielung auf die Allegorie der Wahrheit hat mit der hermeneutischen Aporie zu tun, die Duchamp und der Surrealismus ins Zentrum ihrer Arbeiten gestellt haben.

Stricknadel, *L'autoritaire,* Nessusgewand, Deianira

Der Hinweis auf das Rätsel, das allein durch die Destruktion des Werks gelöst werden könnte, gehört zu den ständigen Denkfiguren der Collagen und Bilder Max Ernsts. Als Beispiel dafür lässt sich das frühe Bild *L'autoritaire* (Abb. 22) anführen. Wir sehen einen Mann, der mit einem Speer bewaffnet ist. Doch betrachten wir die Waffe genauer und setzen sie in Beziehung zu den Bändern, die den Oberkörper des Mannes und den Unterkörper der Frau umstricken, dann möchte man annehmen, dass die Darstellung auf Stricknadel und auf gefallene Maschen, auf gefallene Frau anspielt. Teile des Bildes gehen auf Illustrationen aus Fachzeitschriften zurück, die der Handarbeit gewidmet sind. Das Garnknäuel, das in dem Blatt *Über den Wolken wandert die Mitternacht* im Himmel schwebt, versinnbildlicht die Lebensfäden, die die Parzen verwahren; es meint das sich unwiderruflich abspulende Leben. Faden, Garn, kurz nach der Übersiedlung nach Paris, 1922, entstehen neben Collagen auch Gemälde, in denen das Gehäkelte und Textile in den Vordergrund tritt. Das Motiv kulminiert in den zwei Versionen *Le Couple*. Der Umgang mit Schnüren und Fäden nimmt offen-

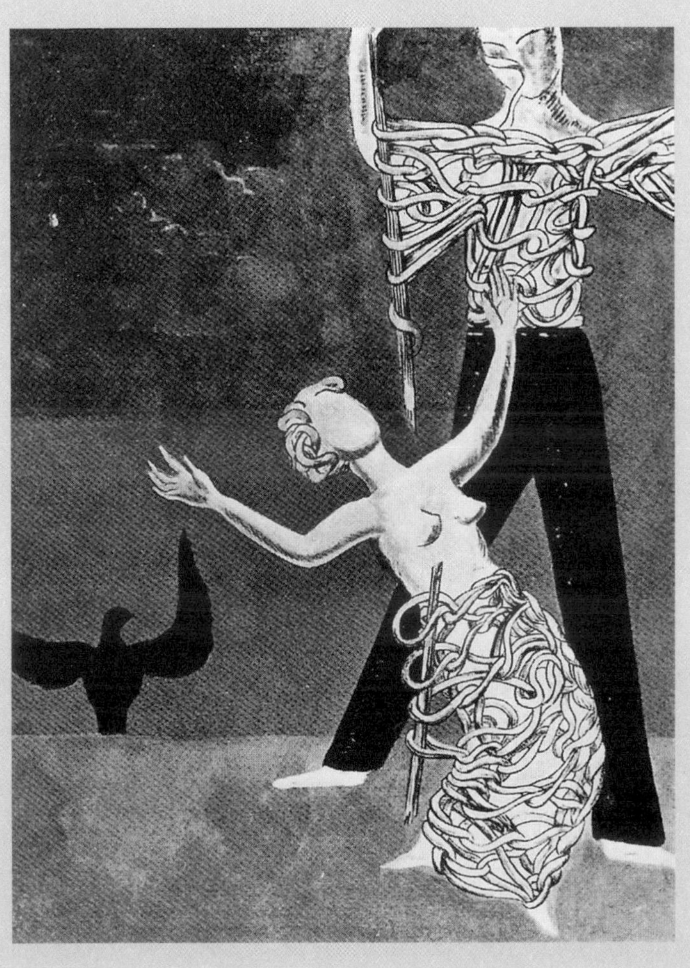

Abb. 22 Max Ernst, *L'Autoritaire (Der Autoritäre),* um 1923, Privatsammlung

sichtlich auch die labyrinthische Umwicklung in *Leimbereitung aus Knochen* wieder auf. Und der Hinweis auf das Stricken passt zu einer Reihe von Arbeiten wie *Dada-Degas*[15]. In diese frühe Collage (1920) arbeitet Max Ernst Drucke von Strickmustern ein. Er signiert sie nicht zuletzt mit «DADA MAX ERNST TRICOTEUR». Und auch hier taucht bereits die gebrochene Stange auf. Kein Zweifel, Max Ernst, der frühere Student der Kunstgeschichte, ironisiert dabei die Allegorie der Synagoge, die als Attribut eine zerbrochene Lanze hält. Der Hinweis auf akkurate Handarbeit illustriert die dadaistische Kritik an der Trennung zwischen weiblicher und männlicher künstlerischer Arbeit. *L'autoritaire* gehört zu einer Reihe von Darstellungen, die um die Konfrontation der Geschlechter kreisen. Bereits 1921 kündigt sich bei Max Ernst die Absage an eine genderspezifische Beschränkung der Handarbeit in einer Collage an, die keinen Titel trägt.[16] Zu ihr wird der Trick «Kolumbuseier» aus «La Nature» verwendet, auf deren Abbildung Ludger Derenthal in «La ‹Révélation Surrealiste›» hingewiesen hat. In ihr taucht auch ein Vogelkopf im Profil auf, der an das Paar in *Oedipus Rex* denken lässt. Das Bild *L'autoritaire* bekommt in den Monaten, da Max Ernst mit Gala und Paul Éluard eine ménage à trois führt, einen autobiographischen Charakter. Der Künstler versteckt die Situation, in der er sich befindet, hinter Anspielungen auf die Mythologie. Die Netze, die im Bild die Körper umstricken, lassen an Herakles und das fleischzerfressende Nessusgewand denken, das ihm seine Frau Deianira (griechisch «den Mann vernichtend») überbringen lässt. Oder erinnert an eine großartige Stelle aus den *Choephoren* des Aischylos:

> «Ihr aber alle, dieser Leiden Zeugen, seht dies Truggewirk an,
> meines armen Vaters Garn.
> Die Fessel seiner Hände, seiner Füße Zwang! Spannt ihr es
> weit aus, zeigt im Kreise rings umher
> Des Helden Fangnetz, dass es sehn der Vater mag.»[17]

Im Netz gefangen, Entfesselungskünstler, Befreiung aus einem beengenden Kokon oder ein androgynes Gesamtwesen, das zerbricht –, dies und anderes dürfen wir assoziieren. Auch die Tanz-und Bewegungsmotive, die wir im Frühwerk wiederholt antreffen[18], passen zum Thema, das schließlich in der New Yorker Emigration im Griff nach dem frenetischen Körpereinsatz des Dripping kulminieren sollte.

Gegen die Obduktion von Collagen

Der Autonomiecharakter der Collage steht über der Interpretation der verschiedenen Elemente, die sie zusammensetzen. Deshalb können diese nur mit äußerster Vorsicht zur Deutung des Resultats herangezogen werden. Das Entscheidende des Vorgehens von Max Ernst wird dort übersehen, wo sich die Interpretation auf einzelne «Funde» stürzt, diese außerhalb des Gesamtkontextes publiziert und gewissermaßen deren Eigensinn nominalistisch zum Inhalt der Werke erklärt. Aus diesem Grunde gilt es vor dem «epistemologischen Glück» zu warnen, das die Offenlegung dieser «Funde» begleitet. Sie besitzen in der Regel ausschließlich eine endogene Bedeutung im neuen Bild. Das Vorführen und Hervorheben von «Quellen» führt zur Obduktion der Collage, nicht zur Interpretation.[19] Das Labyrinth der Welt der Collage hält – und das kann man am ehesten mit der Wirkung von Kafka oder Beckett vergleichen – den Ausgang aus dem Dickicht nie gestellter, ja unstellbarer Fragen für immer verschlossen. Die Unerklärlichkeit der «Zwischenfälle von großem formalem Glanz und unbestimmbarem Inhalt» (Beckett, in *Watt*) tritt in den Vordergrund. Davon war auch in dem eingangs zitierten Gespräch zwischen Max Ernst und Beckett die Rede. Sie vertraten eine absolut identische Position. Beide lehnten eindringlich die Frage nach der Bedeutung eines Werks ab. Max Ernst stellt den Erklärern seiner Arbeiten dabei die Gegenfrage, nämlich die Frage nach dem, was wir als Fragende eigentlich selbst bedeuten. Das lässt an einen Wortwechsel zwischen Clov und Hamm in Becketts *Endspiel* denken. Der Autor mokiert sich hier über die Suche nach einer Beantwortung der Sinnfrage. Auf die Erkundigung Clovs «Was ist denn?», antwortet Hamm: «Wir sind doch nicht im Begriff, etwas zu ... zu ... bedeuten?» Worauf Clov mit bösem Lachen repliziert: «Bedeuten? Wir, etwas bedeuten?»

Die stilistische und inhaltliche Widersprüchlichkeit zwischen den Arbeiten dieser frühen, vorsurrealistischen Zeit fällt in die Augen. Es scheint auf den ersten Blick, als strebe der Künstler bis 1925 nach einem Maximum an Disharmonie. Nicht ohne Weiteres entdeckt man hinter der Verschiedenartigkeit der Arbeiten die individuelle Handschrift. Die Erklärung dafür liefert die disparate Herkunft der Bilder und die Integration von Fremdheit, die das Collagematerial aufweist. Die Bilder recyceln visuelle Zitate, entziehen sie jedoch ihrer ursprünglichen Bedeutung. Erst mit der Entdeckung der Frottage und der für die Ölmalerei angepassten Technik der Grattage ändert sich dies. Nun entstehen Arbeiten, die technisch und inhaltlich miteinander verbunden sind. Die Bilder, die zuvor auftauchten – und von denen hier die Rede ist – fordern dagegen zu einer durchgehend monographischen Beschäftigung auf.

Studium und psychopathologische Kunst

Max Ernst hatte früh angekündigt, er wolle nicht künstlerische, unkonventionelle Verfahren zu seiner Arbeit verwenden. Diese bestimmen die frühen surrealistischen Bilder. Die auffällige Beschäftigung mit psychopathologischer Kunst, mit Kinderzeichnungen oder das Interesse an den Werken der Sonntagsmaler, an Gauguin und am Douanier Rousseau haben wir vor dem Hintergrund der Entdeckung außereuropäischer Kunst und der Ablehnung des akademischen Betriebs zu sehen, die damals zahlreiche junge Künstler herausfordern. Die Entscheidung Max Ernsts, an einem Kolleg zur Bildnerei von Geisteskranken teilzunehmen, das die Universität Bonn anbot, führte zu einer kapitalen Begegnung. In seinen Erinnerungen notiert er über die Provinzial-Heil- und Pflegeanstalt am Kaiser-Karl-Ring, der heutigen LVR-Klinik: «In einem der Gebäude fand sich eine erstaunliche Sammlung von Skulpturen und Gemälden, die von den Insassen von diesem schrecklichen Ort angefertigt worden waren.»[20] Vor allem Figuren, die aus Brotteig geknetet waren, hätten ihn beeindruckt. Auch wenn wir keine nähere Kenntnis von den Beispielen besitzen, die Max Ernst sehen konnte, wissen wir doch aus seinen Schilderungen, dass ihn der Horror vacui in den Zeichnungen der Schizophrenen und die Graphomanie beschäftigten. Er hörte, wie er schrieb, in einer «Gruppe finster aussehender Gebäude»[21] Vorlesungen bei Privatdozent Dr. Arthur Hermann Hübner, der kurze Zeit nach dem Beginn des Studiums von Max Ernst, 1914, ein *Lehrbuch der forensischen Psychiatrie* vorlegte.[22] Die periodischen Manien, die Hübner untersucht, mussten den Studenten beschäftigen. Über einen Fall aus dem Jahre 1902 lesen wir: «Erregt, wieder phantastisch gekleidet, störte die öffentliche Ordnung in der Kirche. Gehobene, zeitweise zornige Stimmung, Schlaflosigkeit, betet, flucht, singt, zerreißt Decken, declamiert Gedichte, spricht fortwährend.» Das Verhalten offenbart wie bei dem Dadaisten Johannes Baader einen Widerstand gegen die bürgerliche Ordnung, die Max Ernst in der Dada-Zeit zusammen mit Johannes Baargeld und Hans Arp zu unterminieren sucht.

Der Boykott von Ausstellungen, die Störung von Theateraufführungen, die die Kölner Dadaisten in die Schlagzeilen brachten, konnten sich auf ein Verhalten berufen, das die Dada-Abende im «Cabaret Voltaire» und den Auftritt von Baader im Berliner Dom inmitten der Zeit der sogenannten Inflationsheiligen charakterisierte.

Die heilige Cäcilie

«Das Glück des Bösen und das Unglück der Tugend»

Es sei mir eine Erinnerung gestattet: als Vierzehnjährigen verwirrte mich erstmals ein Bild. Ich entdeckte es in dem Buch Kleine *Kunstgeschichte Europas* von Hans Weigert.[1] Der Patenonkel aus Isny hatte mir den Band geschenkt. Die Publikation, die die abendländische Architektur und Malerei bis in die erste Hälfte des zwanzigsten Jahrhunderts zusammenfasste, widmete der verblüffenden Darstellung von Max Ernsts *Die heilige Cäcilie* (Abb. 23) auf Seite 238 eine ganzseitige Abbildung in Schwarz und Weiß. Sie gehörte zu den wenigen Reproduktionen, die in dieser Publikation die Kunst der Moderne illustrieren durften. Der Name des Künstlers, der unter dem Bild auftauchte, konnte mir damals nichts sagen. Heute hängt *Die heilige Cäcilie* von Max Ernst in der Staatsgalerie

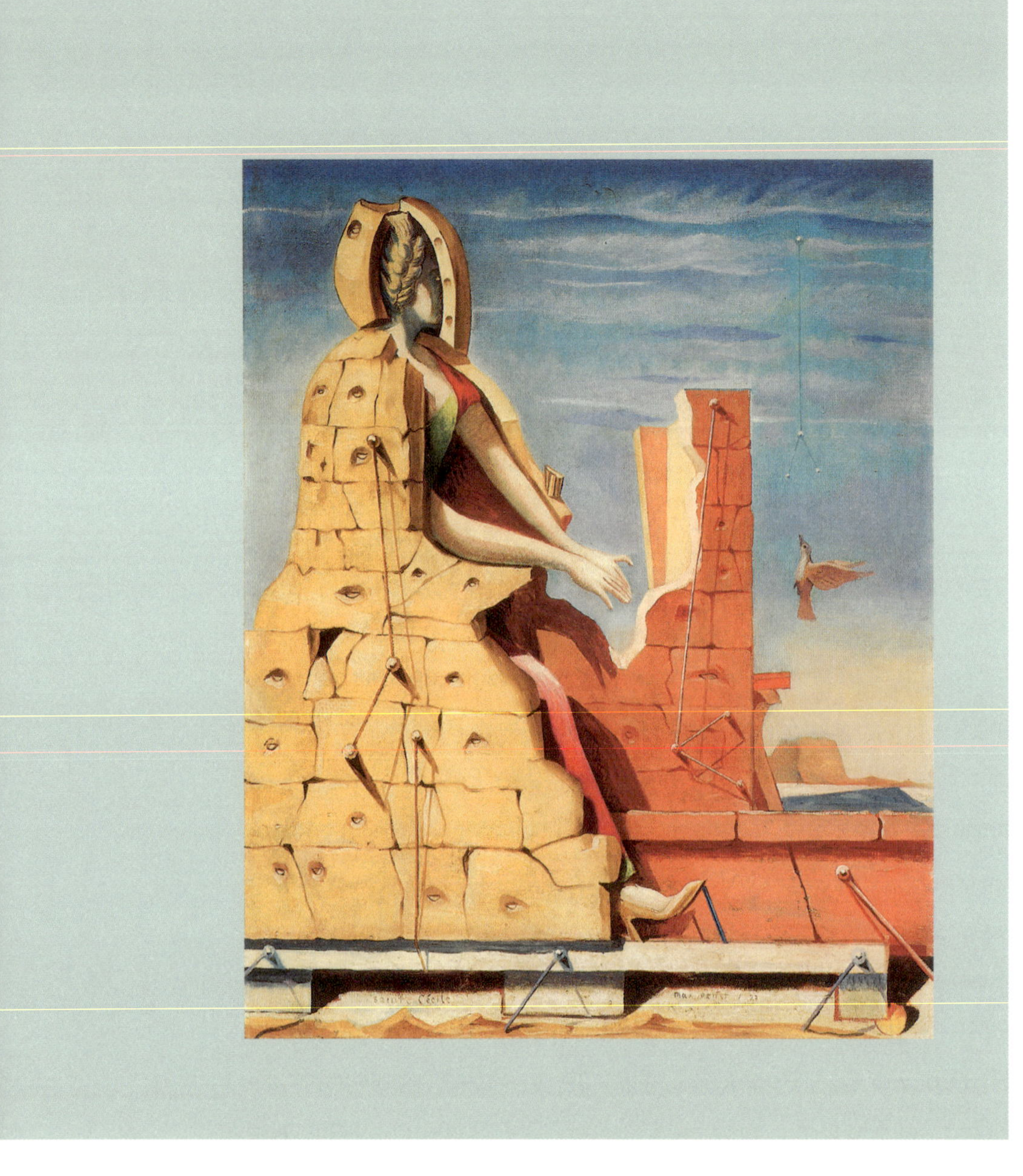

Abb. 23 Max Ernst, *Die Heilige Cäcilie,* 1923, Staatsgalerie, Stuttgart

Stuttgart. Es war, so merkwürdig dies auch klingen mag, die Verwaltung der Unordnung, die mich – ohne dass ich es wollte – zu dieser *Cäcilie* hinzog. Sicherlich spielte bei der Entdeckung die Ahnung von Gefährlichem und von moralischer Verwicklung eine Rolle. Es klang etwas an, was ich später mit einer Maxime von de Sade in Beziehung bringen konnte: «Das Glück des Bösen und das Unglück der Tugend.» Das Gemälde zählt denn auch zu den frühesten Verwirrbildern des Surrealismus. Der Zusatz «Le piano invisible» beschreibt, dass die eingemauerte Patronin der Kirchenmusik auf einer für die Musikerin unsichtbaren Klaviatur spielt. Ihre Augen sind verdeckt. Die Hände greifen ins Leere. Deren Stellung, den abgespreizten kleinen Finger entnahm Max Ernst einem Bild von Carlo Dolci in der Dresdner Gemäldegalerie Alter Meister. Vater Philipp Ernst hatte von Dolcis orgelspielender *Heiligen Cäcilie* eine Kopie angefertigt. In der Version Max Ernsts verschwinden das Gesicht und weitere Teile des Körpers hinter einer Ummantelung. Auf das Martyrium der Heiligen und ihre adlige Herkunft verweist der Lorbeerkranz, der den Kopf schmückt. Als eine Quelle für das Bild Max Ernsts wurde eine armierte Gussform für ein Reiterstandbild von Ludwig XV. vorgeschlagen. Die Abbildung begleitet das Traktat von Pierre-Jean Mariette, das die Entstehung der Skulptur von Edmé Bouchardon[2] beschreibt. Doch möglicherweise ging der

Künstler von einem noch unentdeckten Holzstich des neunzehnten Jahrhunderts aus, der das Gussverfahren der königlichen Statue erläutert und eine noch stärkere Nähe zum Gemälde Max Ernsts aufweist. Dies legen weitere Bilder der frühen Jahre nahe, die Abbildungen aus «La Nature» oder «Le Magasin Pittoresque» verwenden. In ihnen ist die Nähe zwischen der Vorlage und dem ausgeführten Bild jeweils stärker spürbar.

Steinerne Augäpfel und Klimts *Fritza Riedler*

Dass Max Ernst die hochgemauerte Ummantelung, auf der man zahlreiche steinerne Augäpfel entdecken kann, überaus beeindruckte, zeigt ein Vergleich mit einem Bild, das er sehr wohl kannte, nämlich Klimts Porträt der Fritza Riedler (Abb. 24), das die Dargestellte in ein einbruchsicheres mit Augen übersätes textiles Bollwerk eingeschlossen hat. «Das unsichtbare Klavier», von dem im Untertitel zur *Cäcilie* die Rede ist, bezieht sich auf das Unvermögen der Frau, etwas zu sehen. Das Motiv der Blindheit, das von nun an obsessiv im Werk auftaucht, gehört, wie Max Ernst im Ge-

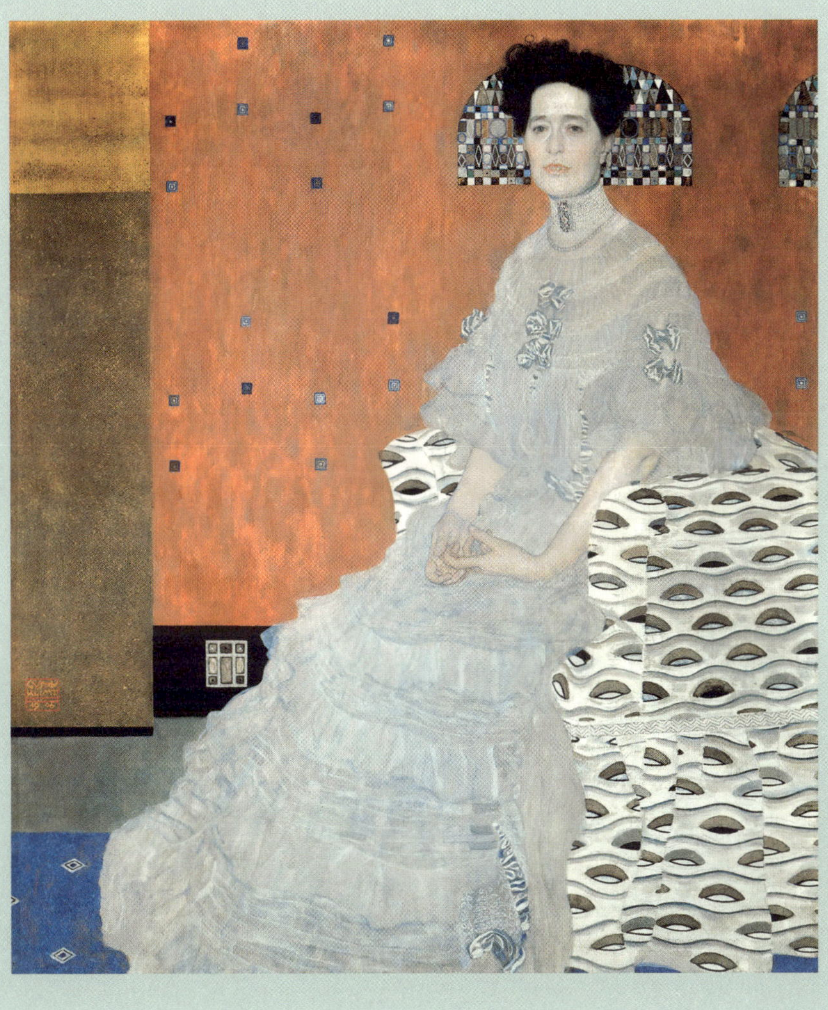

Abb. 24 Gustav Klimt, *Portrait Fritza Riedler,* 1906, Österreichische Galerie Belvedere, Wien

spräch erläuterte, zur Vorstellung vom «inneren Gesicht».[3] Dahinter steckt die Leidenschaft für die Romantik, in erster Linie die Kenntnis von Caspar David Friedrich und Novalis. In einer Bildlegende für eine Collage zu dem Buch *Les malheurs des immortels*, das Éluard und Max Ernst gemeinsam verfasst haben, taucht dieser Hinweis auf Blindheit erstmals auf: «L'aveugle prédestiné tourne le dos aux passants.» (Der vorherbestimmte Blinde kehrt den Passanten den Rücken)[4].

Fluchtpunkt des Unerklärlichen

Doch auch das Wissen um die allegorische Bedeutung, auf die die Augenbinde der Justitia hinweist, die Anspielung auf die Gerechtigkeit, die ohne Ansehen der Person ihr Urteil fällt, darf man assoziieren. Das Bild verdankt seine Unerklärlichkeit nicht zuletzt dem Recycling widersprüchlicher Informationen. Man spürt, dass in der *Cäcilie* Inhalte einander bekämpfen. Mineralisches trifft auf Fleisch, Starres auf pulsierendes Leben, Sonnenlicht auf verschattetes Gemäuer. Die Collage, die ein derart disparates Material heranzieht, setzt einen Denk- und Assimilationsprozess in Gang, der dafür sorgt, dass sich die Fluchtpunkte des Sehens ständig verlagern und zu immer neuen Assoziationen auffordern. In welcher Beziehung stehen die beiden Ummantelungen zueinander? Ist die Hülle des in den Hintergrund gerückten Mauerwerks der vordere Teil der Gussform, die die Gefangenschaft der Cäcilie garantiert? Die Biographie Max Ernsts hat in einer späteren Phase mit dieser frühen, in rosarotem Feuerschein stehenden Vision im Stuttgarter Bild zu tun. Vergessen wir nicht, dass der Künstler als feindlicher Ausländer zusammen mit Lion Feuchtwanger, Anton Räderscheidt, Wols, Golo Mann, Franz Hessel und Walter Hasenclever von der Vichy-Regierung in das Internierungslager Les Milles bei Aix gesperrt wurde, in dem er monatelang zusammen mit Hans Bellmer in dem stillgelegten Feuerofen einer Ziegelei hausen musste. Hier begegnete Max Ernst wieder der Ummantelung seiner *Cäcilie* und der durch den engen Raum ausgelösten klaustrophobischen Atmosphäre. Freud hat im Übrigen den Backofen als weibliches Sexualsymbol interpretiert und mit einer Gebärmutter verglichen. Mauern aus Backstein erscheinen im Werk immer wieder. Die additive Struktur der Ziegelmauer, die auch für Anselm Kiefer ein ständig wiederkehrendes Requisit werden sollte, verwendet Max Ernst erstmals 1916 in dem Bild *Türme*[5] (Spies/Metken 261). Und sie taucht wieder auf in *Oedipus Rex*, *Die Ruine*, *Ohne Titel*[6] oder *Histoire naturelle*[7]. Auch in weiteren Arbeiten der frühen Jahre entdecken wir dieses Zitat der kubistischen Formzerlegung. In *Komposition mit dem Buchstaben E*[8], einer dreiteiligen Möbelbemalung[9], den *Drei Entwürfen für Glasfenster*[10] oder in *Türme*[11] setzt sich diese fort. Manchmal verwendet Max Ernst Formen, die die kubistische Chiffrierung mit einem benennbaren Inhalt – Backsteinen oder Kegel – verbinden. Die Assoziation «Vernichtung, Verbrennung» ist für den heutigen Betrachter aus Kenntnis der Geschichte untrennbar mit dem gewaltigen Feuerofen verbunden und verknüpft das Werk mit einer entsetzlichen Vorahnung. Warum wählt Max Ernst eine Vorlage, die ihn dazu auffordert, Blindheit und Ruinöses mit der Patronin der Kirchenmusik, mit Kultur in Verbindung zu bringen? Zweifellos spielen die vier Jahre an der Front, die fortwährende Präsenz von Verwundung und Tod, der Blick auf zerstörte Häuser und Kirchen eine Rolle. Sie haben ihn wie Grosz oder Dix traumatisiert.

Das Bombardement der Kathedrale von Reims – das Ende des Kubismus

Es gibt aus den Kriegsjahren ein Bild, das Max Ernst wie ein apotropäisches Zeichen gegen die Zerstörung stellt. Seine Version der Kathedrale von Laon ist eine Hommage an Delaunay, dem Max Ernst vor dem Krieg in Bonn zusammen mit Apollinaire bei August Macke begegnet war. Er kannte selbstverständlich Delaunays *Les Tours de Laon* aus dem Jahr 1912. Das Bild war nach einer Präsentation in der Berliner Galerie «Der Sturm» im März 1913 im Kölner «Gereonsklub» zu sehen.[12] Auch hatte er, wie eine andere Version zeigt, die Kathedrale vor Ort studiert. Wie präzise sich Max Ernst mit der französischen Umgebung beschäftigte, zeigt eine Zeichnung, die er auf einer Feldpostkarte 1915 an seine Schwester Loni adressierte. Er hat, wie der Vergleich mit einer Fotografie zeigt, das Motiv, die Kirche in Mairy-Mainville, vor Ort gezeichnet. Schon vor der Begegnung mit Delaunay war Max Ernst von dessen Werk beeindruckt. Das entnehmen wir einem Brief von Franz Balke, der die zeitgenössischen Künstler aufzählt, die Max Ernst verehrte: «Unter den Franzosen darf Delaunay nicht fehlen, dessen Eiffelturm damals besonders Furore gemacht hat.»[13]

Die Darstellung der intakten Kathedrale von Laon, 1916, im Erscheinungsjahr von Paul Clemens' bedrückender Bilanz der verheerenden Zerstörungen durch die deutsche Armee in Frankreich und Belgien, ist eine politische Stellungnahme, die nicht zuletzt gegen das größte Sakrileg, die Beschießung der Kathedrale von Reims, des französischen Nationalheiligtums aufbegehrt. Fast das ganze Jahr über lag Max Ernst mit seinem Regiment in der Nähe von Laon, auf dem Plateau von Nouvron-Vingre, in der Gegend des «Chemin des Dames». Max Ernst greift, und das ist wichtig, in seiner Darstellung der Kathedrale von Laon zu einem der populärsten Motive kubistischer Zerlegung, zur Darstellung Delaunays. Hinter dem Bild scheint sich eine politisch-kulturelle Botschaft zu verstecken. Picasso und Braque, die Erfinder des Kubismus, hatten sich 1914 abrupt von einem Stil abgewandt, der vor dem Hintergrund der jüngsten Ereignisse symbolisch als Ausdruck von Zerstörungswut interpretiert werden konnte. Auch Max Ernst beendet mit seinem Bild die aktive Auseinandersetzung mit dem Kubismus. Die Bombardements der Kulturdenkmäler, die zerschossenen Dörfer, die zerrissenen Leiber an der Front hatten den Kubisten die Legimitation für eine wertfreie Formaufsplitterung und die künstlerische Zerstückelung der Realität abgesprochen. Die Konfrontation mit Zerstörung, Tod und Amputation, mit zusammengeflickten Krüppeln, mit der Akkumulation von Prothesen, generell das Erlebnis der explodierten, in Schutt gesunkenen Welt spiegelt sich in einer traumatischen Technik wider. Zudem galt seit Beginn des Kriegs in Frankreich der Kubismus als etwas Antifranzösisches, als «art boche». Max Ernst geht nach dem Ende des Krieges über die kubistische Fragmentierung hinaus. Es gibt bei ihm keine «Rückkehr zur Ordnung». Seine Auseinandersetzung mit dem Kubismus kulminiert eigentlich in der Collage, die als Resultat einer Kombinatorik aus Trümmern, aus Überresten erscheint. Man muss von einem Recycling des Weggeworfenen sprechen. Aufruhr und Wut lassen den Künstler zu einem Verfahren greifen, das Stift und Pinsel durch Schere und Skalpell ersetzt. Schneiden, Klammern, Kleben, Auslöschen der ursprünglichen Bedeutung werden die Mittel seiner kritischen Auseinandersetzung mit der Realität. Hinter dem Prinzip Collage stecken Ekel und Entsetzen einer zutiefst verwundeten Generation. Das Ergebnis dieser düsteren Imagination schließt sich einer großen Tradition an. Wir finden Konstellationen, die nicht zuletzt bei der Vision aus Verwesung und Schönheit in Baudelaires *Une charogne* einsetzen.

Oedipus Rex

Zu den ungeheuerlichsten Bildern der frühen Zeit gehört *Oedipus Rex* (Abb. 25). Auch diese Arbeit bleibt vom Inhaltlichen her gesehen ein absoluter Solitär.

Der Effekt aus Überraschung und Schrecken rückt es in die Nähe von *Leimbereitung aus Knochen* oder von *Elefant Celebes*. Denn bei aller inhaltlichen Differenz lassen sich die so verschiedenartigen Bilder gleichwohl als Kompositionen von Max Ernst erkennen. Der «mephistophelische» Charakter, von dem Max Ernst gesprochen hat, dominiert auch hier. In den Bildern herrscht Symmetrie und eine präzis kalkulierte Verteilung der Volumen. Das Bildganze, so unverständlich es auch erscheint, wirkt jeweils harmonisch und die formale Probabilität, die hinter der Komposition auftaucht, steigert die Irrealität der Darstellung zusätzlich. Denn von Anfang an dominiert im Werk das Prinzip «more geometrico», das später in Kompositionen wie *Vox Angelica* einen Höhepunkt

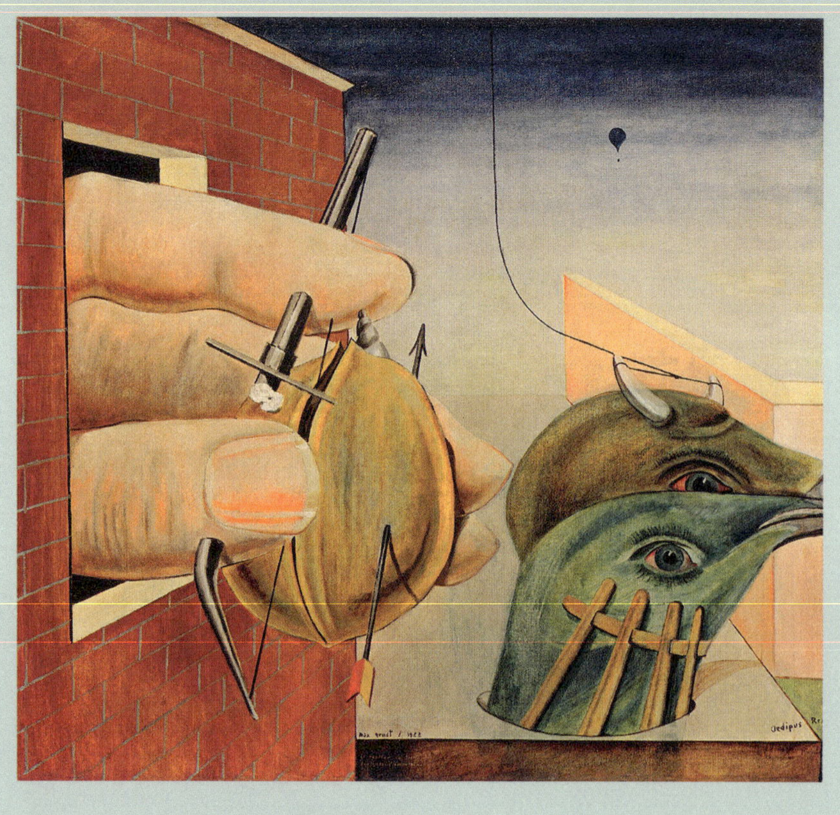

Abb. 25 Max Ernst, *Oedipus Rex,* 1922, Privatsammlung

erreichen sollte. Dies passt zur prinzipiellen Feststellung, die man im Umgang mit dem Werk machen kann: Die Genese der Arbeiten ist an einen verfolgbaren Modus der Auswahl gebunden. Dazu gehört die Stimmigkeit der einzelnen Versatzstücke. Köpfe, Gliedmaßen, Attribute müssen sich einem Ganzen so integrieren lassen, dass die Plausibilität eines genuinen Bildes erreicht wird. Max Ernst kommt es in den Collagen letztlich darauf an, die Vorstellung von Collage infrage zu stellen. Rasch entstehen Gesetze, die die Auswahl der Vorlagen und deren Verarbeitung begrenzen. Beim Blick auf das uferlose Material, das für die Collagen zur Verfügung zu stehen scheint, erkennt man, was in die Welt Max Ernsts eintreten kann und was aus ihr ausgeschlossen bleibt. In diesem Zusammenhang bietet es sich an, eine Äußerung Mondrians zu Max Ernst zu zitieren. Sie bezieht sich auf die Gesetzmäßigkeit der Bildproduktion. Hans Richter hat das Wort überliefert: «Als Mondrian gefragt wurde, wen er denn in der modernen Kunst besonders bevorzuge, wenn er schon seine Nachahmer so energisch ablehne, antwortet er ohne Zögern und zur Überraschung seiner Zuhörer: ‹Max Ernst›».[1] Man darf diese Äußerung Mondrians wohl heranziehen, um sie vor dem Hintergrund eines scheinbar paradoxen Eintrags ins Bild *Oedipus Rex* zu verstehen. Unter die Signatur hatte Max Ernst den Satz gesetzt: «ce tableau en trois couleurs élémentaires». Zweifellos bezieht sich dieser Vermerk auf die «drei Primärfarben», die Mondrian nach seiner Begegnung mit der Monochromie des Kubismus allein neben Schwarz und Weiß auf seiner Palette dulden wollte.

Das Bild und der datierte Hühnerfuß

Wie im Falle der übrigen Bilder, die an der Schwelle zum Surrealismus auftauchen, interessiert sich der Betrachter von *Oedipus Rex* für den ersten Gedanken, der zu dieser Komposition führte. Was steckt hinter einer Darstellung, die jeder Realitätserfahrung widerspricht? Nichts im Bild lässt auf die Auseinandersetzung mit der zeitgenössischen Avantgarde schließen. Wir wissen dagegen, dass Max Ernst in der Regel den Anstoß zu einem Bild im Umkreis der Reproduktionen fand, die ihm in die Hände fielen. *Oedipus Rex* entstand im Januar 1922. Paul Éluard erwarb die Arbeit im März bei seinem zweiten Besuch in Köln. Im Vergleich zu *Leimbereitung aus Knochen* oder *Elefant Celebes* haben wir es mit einer komplizierteren Entstehungsgeschichte zu tun. Das Thema wirkt auf den ersten Blick emblematischer als das der bereits genannten Arbeiten. Hinter der Bildvorstellung stecken mehrere Quellen, und keine einzelne dominiert die Gesamtkomposition. Für die Verbindung von Finger und Nuss können wir die Herkunft angeben. Max Ernst entnimmt das Motiv bis auf unwesentliche Veränderungen der Zeitschrift «La Nature». Doch hinter dieser Wahl steckt offensichtlich eine Collage, die kurz zuvor entstanden ist. Sie scheint den Griff nach der Abbildung in «La Nature» angeregt zu haben. Dabei können wir miterleben, wie ein bestehendes Werk als Oberton im neuen Bild mitschwingt. Max Ernst hatte auf Bitten Eluards im Jahr ihrer ersten Begegnung den Gedichtband *Répétitions* mit Collagen begleitet. Und in ihm entdecken wir als Ausgangspunkt für den Griff zum Motiv mit den Fingern in *Oedipus Rex* die kleine Collage, die das Gedicht *L'invention* illustriert (Abb. 26).

Es ist ein Blatt, in dem Grausamkeit und poetische Idylle, Verletzung und Vorstellung von blauer Blume, aufeinandertreffen. Wie in *Oedipus Rex* greifen in der Collage Finger durch ein offenes Fenster. Sie halten einen metallenen Apparat. Die Vorstellung von Verletzung, Durchbohrung, die das Bild *Oedipus Rex* auf alarmierende Weise dominiert, steht bereits in der kleinen Collage im Vordergrund. Den Ausgangspunkt für die Arbeit präsentiert eine Ver-

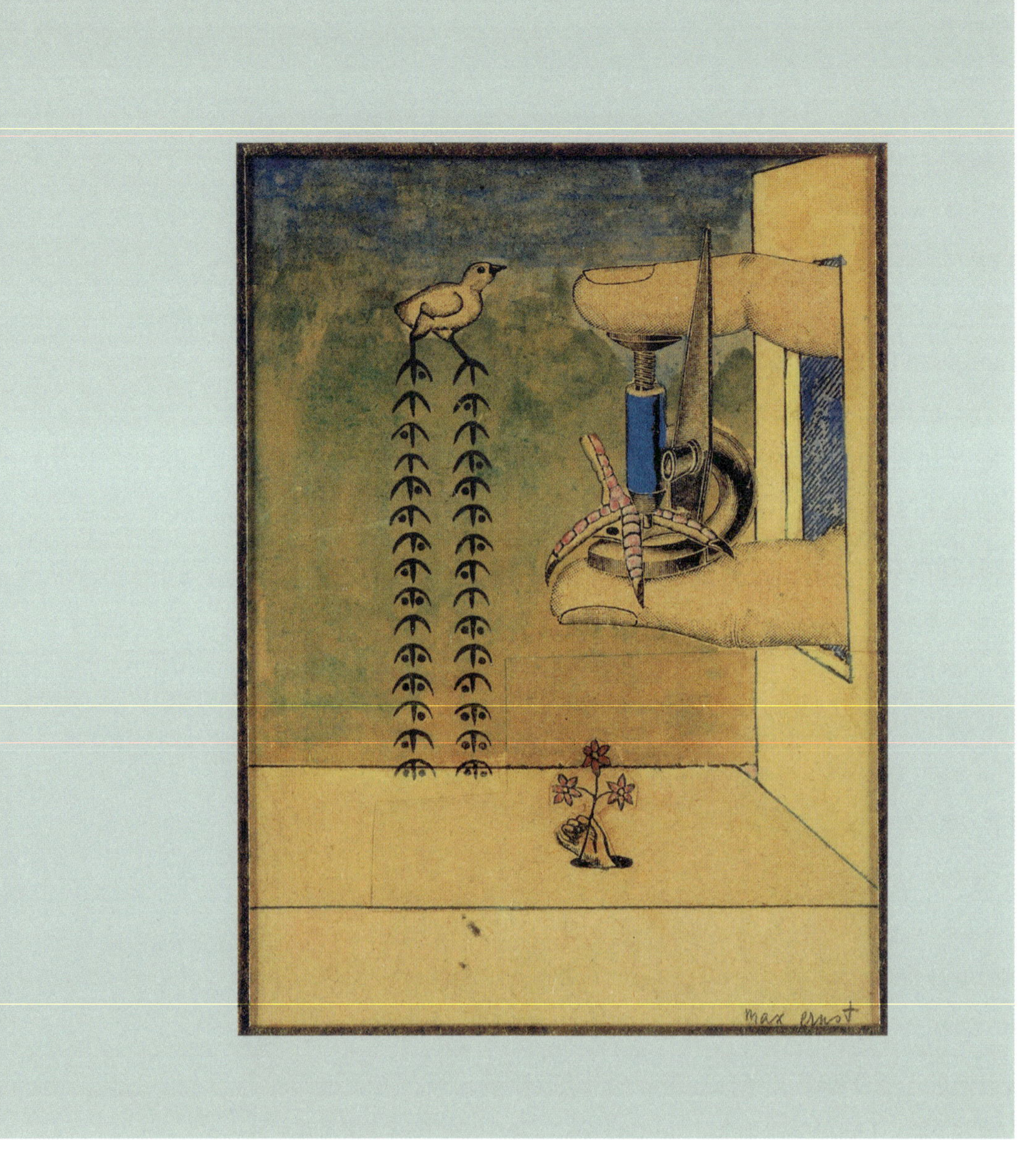

Abb. 26 Max Ernst, *L'Invention,* 1921,
Illustration für «L'Invention, Répétitions», Paul Éluard, 1922

richtung, die mir Max Ernst erklären konnte. Es gilt, die Zeichen zu verstehen, die im linken Teil des Blattes die hintere Wand hochklettern. Über ihnen schwebt ein Vogel. Wir erfahren, dass es sich bei den Hieroglyphen um die Spuren von Füßen handelt, die fünfzehn Hühner hinterlassen haben. Der Apparat, den die Finger im Fenster halten, diente dazu, jeweils das frisch ausgebrütete Küken zu «datieren». Denn man konnte mit diesem Gerät linke und rechte Füße auf derart systematische Weise markieren, dass sie die chronologische Reihenfolge anzeigten, in der die einzelnen Hühner aus dem Ei geschlüpft waren.

Ein Zaubertrick – die magnetische Nuss

Im Bild *Oedipus Rex* tauchen nicht zwei, sondern vier Finger im Fenster auf. Für die Verbindung Finger und Nuss haben wir die Vorlage in «La Nature» gefunden (Abb. 27). Die Abbildung illustriert dort einen Zaubertrick aus dem Bereich der «physique amusante». Es sind häufig belustigende Erfindungen, die Arthur Good, alias Tom Tit, in «L'Illustration» und auch in «La Nature» präsentiert. In den drei Bänden von *La Science Amusante*, die von Louis Poyet in Hirnholz gestochen wurden, finden wir Anregungen für Bilder, Zeichnungen und Collagen. Sie präsentieren Experimente, die zuvor in «L'Illustration» veröffentlicht worden waren.[2] In diesem Umkreis trifft Max Ernst auf seltsame Gesten und Verrichtungen, deren Outriertheit in der Realität fehlt. Die Illustration, die er zu *Oedipus Rex* heranzieht, bleibt ohne Kommentar unverständlich. Um sie zu verstehen, muss man den Text heranziehen, der sie begleitet. Der Zuschauer soll mit diesem Zauberkunststück in die Irre geführt werden, wird ihm doch weisgemacht, dass das Hin und Her der Finger auf der Nussspitze eine Reibungselektrizität produziert, die dafür sorgt, dass Finger und Nuss aneinanderhaften bleiben. Doch in Wirklichkeit pressen Mittelfinger, Ringfinger und Daumen die Nuss so kräftig, dass sie sich leicht öffnet. Dabei wird die Haut des Zeigefingers, sobald die anderen Finger mit dem Druck nachlassen, festgehalten und in den Spalt eingeklemmt. Die Nuss scheint am Finger zu kleben und die Behauptung des Zauberkünstlers zu bestätigen. Doch damit erklären wir nicht die Rätselhaftigkeit der Komposition Max Ernsts. Die eingeklemmte Haut des Zeigefingers in dem Trick, den «La Nature» offenlegt, lässt sich als Anregung für die Darstellung der schwer verletzten Hand im Bild *Oedipus Rex* interpretieren. Die Spannung des sägeartigen Instruments, das die

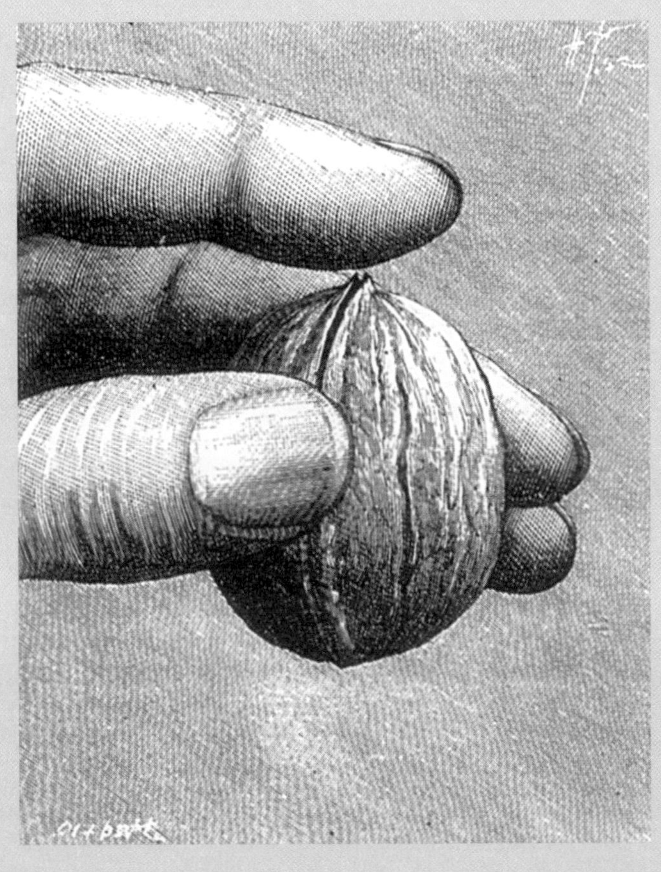

Abb. 27 Zaubertrick aus «La Nature», 1891

Finger durchbohrt, besorgt ein straff gespannter Draht. Die Hand hat keine Chance, sich zu befreien und sich ins Haus zurückzuziehen. Ihr gelingt nicht, wie in Klingers Radierung *Die Entführung*, die Flucht durchs Fenster, ins Freie. Auch die beiden Vögel sind gefangen gesetzt. Möglicherweise wurde Max Ernst zu dieser Großaufnahme der Vogelköpfe und der Finger durch eine Reklame für die Zucht und den Einsatz von Brieftauben angeregt. Der Kopf des vorderen Vogels wird zusätzlich von einer hölzernen Halskrause festgehalten. Man könnte an ein Gespann von Zugvögeln denken, das ein Wagenlenker führt. Alles im Bild ist zu einer Bewegungslosigkeit verdammt, aus der es kein Entrinnen gibt. Das Motiv gefangener Vögel, Vögel im Käfig taucht häufig in Bildern auf. Er gibt nicht nur gemalte Versionen dieses Zustands. In mehreren Arbeiten montiert der Künstler zusätzlich Gitterstäbe über die gemalten Vogeldarstellungen. Man möchte das Motiv mit einer Lektüre in Verbindung bringen. In Freuds Studie *Der Wahn und die Träume in W. Jensens Gradiva* begegnen wir einem Satz, der Max Ernst anregen konnte: «In seinem Zimmer war es wieder der singende Kanarienvogel im Käfig, der ihn beschäftigte und ihn zum Vergleiche mit seiner eigenen Person anregte. Auch er sitze wie im Käfig, fand er…» In einem Blatt zu *Les malheurs des immortels*, in *Réveil officiel du serin*, begegnen wir erstmals dem Motiv. Den Titel hatte

Éluard für Text und Darstellung im gemeinsamen Büchlein gegeben. Er spielt möglicherweise auf das Stück *Le Serin muet* von Ribemont-Dessaignes an, das die Pariser Dadaisten im Rahmen einer Dada-Veranstaltung aufgeführt hatten.

Brieftauben und Verweigerung der Fingerfertigkeit

Das Bild *Oedipus Rex* stellt die Aussage der kleinen Collage *L'invention* auf den Kopf. Denn in *L'invention* besitzt die mit einem Instrument bewaffnete Hand eine terrorisierende, aktive Funktion, während die Finger in *Oedipus Rex* dem Gerät, mit dem sie hantieren, selbst in die Falle gehen. Verschiedenes lässt sich mit dem Hinweis auf die blockierte Hand assoziieren. In erster Linie wohl die dadaistische Zurückweisung des direkten Malens und Zeichnens, die Fingerfertigkeit. Das Motiv der arretierten Hand taucht in weiteren Arbeiten auf. Im bandagierten Porträt André Bretons, das auf eine Präsentation des Desault-Verbands zurückgeht, finden wir es ebenso wie in der frühen Assemblage *Armada v. Duldgedalzen/*

gen. die dadaistische Rosa Bonheur die rechte hand der zentrale DaDa W/3. Und vergessen wir nicht, in *Leimbereitung aus Knochen* wird ein ganzer Körper bis zur völligen Bewegungsunfähigkeit verschnürt. Das Bild trägt sicherlich autobiographische Züge, verweist es doch auf die Trennung von Luise Straus, die sich kurz nach der Begegnung zwischen Max mit Gala abzeichnete. Der Körper scheint in *Leimbereitung aus Knochen* einem gigantischen Fliegenfänger auf den Leim gegangen zu sein. Zwischen der Collage und dem Bild gibt es eine eklatante inhaltliche Beziehung. In beiden Arbeiten geht es um Verletzung. Wir betreten Max Ernsts Bühne, auf der sich das «Theater der Grausamkeit» abspielt, das Artaud später in *Le Théâtre et son double* erläutern sollte. Dahinter stecken nicht zuletzt die Schriften de Sades, die *Contes cruels* von Villiers de L'Isle-Adam und Baudelaires *Les fleurs du mal*.

Blindheit, Schärfung des Blicks – E.T.A. Hoffmann, Buñuel

Wie eindrucksvoll der quälende Eingriff in den frühsurrealistischen Bildern Thema werden konnte, führt die Vignette auf der Umschlagseite des Bändchens *Répétitions* vor (Abb. 3). Sie zeigt ein Auge, das von einem Draht durchbohrt wird. Die Darstellung Max Ernsts ist schwer zu ertragen. Den Schnitt durch das Auge, den tranchierten Augapfel, der ausläuft, sollte einige Jahre später Buñuel zur schockierenden Eingangssequenz von *Un chien andalou* (Abb. 28) heranziehen. Max Ernst hatte seine Collage ausgehend von einer *Boule magique*, der Erfindung des Zauberkünstlers Robert-Houdin, verfertigt. Das Ausgangsbild entdeckte er in der Zeitschrift «La Nature», die das Motiv unter der Rubrik «Récréations scientifiques» abbildete und seine Funktion erklärte. Dies ist ein eindeutiger Beweis dafür, dass Max Ernst so gut wie nie das Wissen um die Bedeutung der Ausgangsdarstellungen heranzog oder sogar in den Vordergrund rückte. Es ging ihm eher um die Erstellung eines Formenvokabulars. In diesem Fall sprach ihn, ohne dass er sich um den Zaubertrick kümmerte, die rein visuelle Simul-

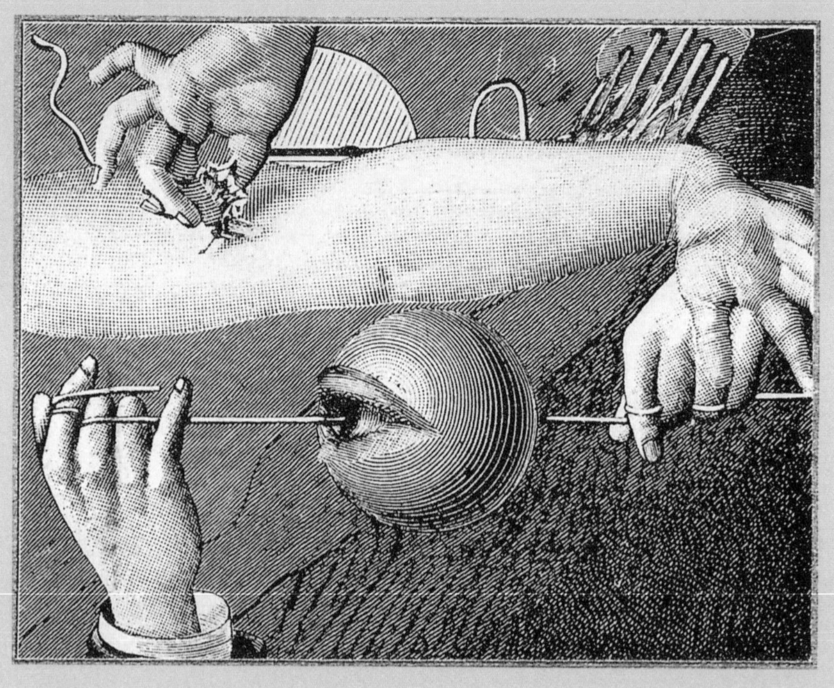

Abb. 28 Max Ernst, Illustration zu Paul Éluards «Répétitions», 1921

taneität Kugel und Augapfel an. Hinter der Blendung, die Max Ernst dem Bändchen *Répétitions* voranstellt, steckt die Begegnung mit dem schauerlichen «Coppelius» E.T.A. Hoffmanns. Doch wir dürfen das Motiv Blindheit bei Max Ernst nicht allein im physiologischen Sinne verstehen. Zerstörung des Sehens taucht nicht primär als ein sadistisches Motiv auf, sondern als Symbol für Veränderung des Sehens, ein Schärfen des Auges. Es geht um die Vorstellung einer Transzendenz des Blicks, die in Max Ernsts grundlegender Entscheidung für eine «innere Sicht» ihren Ausdruck findet. Diese «innere Sicht», ein Hauptmotiv, ja eine Obsession des Künstlers, wird wegweisend. Georges Ribemont-Dessaignes hat einen Aufsatz über Arp, Man Ray und Max Ernst unter den Titel «Dada Painting or the oil eye» gestellt. Der Text erfasst den nicht-darstellenden, perzeptionsunabhängigen und letztlich nicht retinalen Aspekt in den Werken Max Ernsts, die Modifikation des Sehens durch ein «inneres Gesicht». Man Ray notiert in der Zeitschrift «The little Review»: «Sight is the lowest sense, so low that it should simply be worn under the sole of one's boot… The eye throws the dirt, which it has absorbed from outside, into the wheels of fantastic imagination and prevents them from turning.»[3] Max Ernst hat das Wort «blickverwirrend» herangezogen, um seine Begegnung mit dem Zuviel an Informationen zu charakterisieren, das ihm der Blick in das Schaufenster in Köln anbietet. Auf dieses ins Innere verlegte Sehen wird der Künstler regelmäßig in Bildtiteln anspielen. Auf seinen Wunsch wurde aus diesem Grund der Ausstellung und dem Katalog der Sammlung de Ménil, die 1971 in der Kunsthalle Hamburg ihre Tournee begann, der Titel *Das innere Gesicht* gegeben. Die Collage *L'invention* macht, wie gesagt, aus der Verstümmelung das dominierende Sujet. Die Durchbohrung der Hühnerfüße möchte man auf den Oedipus-Mythos beziehen, darauf, dass der Sohn von König Laios nach der unheildrohenden Prophezeiung des Orakels mit durchstochenen Fersen im Kithairongebirge ausgesetzt wurde. Der Name Oidipous (Schwellfuß) verweist auf die Lähmung der Gliedmaßen. Und wir wissen, dass der Enthüllungsprozess – Mord des Vaters, Heirat mit der Mutter – zu der Selbstblendung des Oedipus führen sollte. Unübersehbar verweist das Bild auf Max Ernsts Lektüre von Freud. Kastration, Nuss als aufgeplatzter und von einem Pfeil perforierter Hoden, Unmöglichkeit der Vögel, sich zu befreien, zu «vögeln»: all dies lässt sich aus diesem grausamen Motiv der Ohnmacht ablesen, das in einer Landschaft betörender Freiheit angesiedelt ist. Denn dafür sprechen die zarte Luftperspektive und der Ballon, der in den Azur entschwebt. In diesem Umkreis entsteht damals auch das Relief *La Montgolfière*. Das Sujet verweist auf Reiselust.[127] Es bringt dasselbe metaphysischromantische Fernweh zum Ausdruck, das wir im Frontispiz für *Répétitions* entdecken. Doch allein das Bildrelief *Zwei Kinder werden von einer Nachtigall bedroht* versucht, den Griff in die konkrete Gegenstandswelt mit der Illusionsebene der früheren, noch veristisch aufgefassten Bilder und dem Eskapismus der Märchenwelt zu verbinden. Es waren die beklemmenden Situationen, die ihn beschäftigten. Darunter das bedrohte Reh in einem seiner liebsten Gedichte der Finsternis, in Eichendorffs *Zwielicht* aus dem Roman *Ahnung und Gegenwart*. Das sind Beobachtungen und Stimmungen, die sich beim Blick auf das Bild aufdrängen. Angsterregend sind im Vordergrund von *Oedipus Rex* nicht zuletzt die abgeschnittenen Vogelköpfe mit ihren blutunterlaufenen Augen.

«Darwinfinken» und Fluchtweg aus der Erinnerung

Doch genau betrachtet versteckt sich selbst hinter diesen Vogelköpfen eine Anleihe aus der Wissenschaft. Sicher spielt der Künstler auf die in religiösen Kreisen geächtete Evolutionstheorie an und porträtiert in seinem Bild zwei der Darwinfinken, deren monumental wiedergegebene Köpfe die Abhandlung «Entstehung der Arten» illustrieren (Abb. 29).

Einer der beiden Galápagos-Finken trägt im Bild Max Ernsts, wie auch der Rüssel von *Elefant Celebes*, Hörner. Auf der von Max Ernst und Paul Éluard überzeichneten Ansichtskarte («Humor-Ecke des Hotel Kaletsch, Bes. Wilh. Bunte, Düsseldorf»), die die Freunde am 21. März 1922 an Tzara adressieren, finden wir erstmals diesen Vogelkopf mit seinem spitzen Schnabel.[4] Die Zeichnung zitiert das Hauptmotiv aus dem Bild *Oedipus Rex*, das Éluard nach Paris mitnehmen sollte. Der irreale Inhalt passt zu den Entwürfen, mit denen Max Ernst nach der Rückkehr aus dem Krieg die Gespenster der jüngsten Vergangenheit zu exorzieren sucht. Er teilt diese Dämonen mit Paul Éluard. Dieser hatte während des Ersten Weltkriegs in

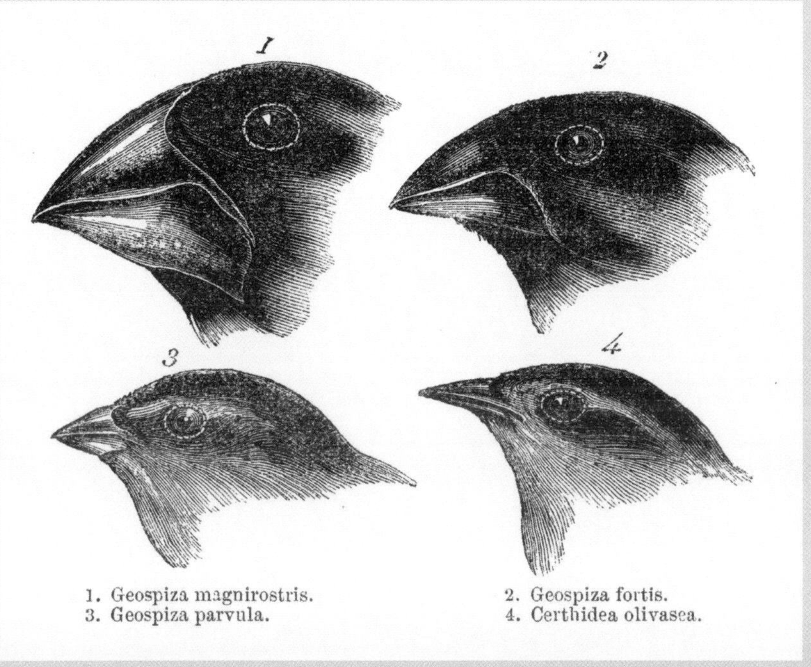

Abb. 29 Darwin, Entstehung der Arten, Finken, 1859

Verdun auf der gegnerischen Seite gekämpft. Es geht folglich um die Suche nach einem Fluchtweg aus dem Trauma, das beide Freunde zeitlebens nicht loslassen sollte.

Das Jahr ’55, sehr sanftes Erdbeben

Engerling und durchwühlte Erde, Erdbeben und Magnetfelder

In einem weiteren Gemälde, *Das Jahr ‘55, sehr sanftes Erdbeben* (Abb. 30), findet Max Ernst zu einer der frühesten Visualisierungen surrealistischer Erregungszustände. Dafür braucht es neue Darstellungsmittel. Auch jetzt geht der Künstler in einer ersten Phase von vorgefundenem Material aus. Wir begegnen Teilen der Darstellung in der Collage *Im Donnerstein die schöne Schleudertrommel*[1] vom November 1921, die nur dank einer Abbildung in der Zeitschrift «Das Junge Rheinland» bekannt ist. Max Ernst übernimmt von der Collage die abrupten Gebirgsformationen, die große Larve und die Trommel, die wie ein gigantischer Korken im Himmel schwebt. Raupe und Flugobjekt sind beide blau. Die farbliche

Nähe legt nahe, dass die Riesenraupe die Trommel in den Azur geschossen hat. In einem weiteren Klebebild, *Ohne Titel*, das zum Konvolut der Blätter gehört, aus dem Max Ernst 1922 seine Auswahl zur Illustration von Paul Éluards Gedichtband »Répétitions« treffen konnte, finden wir zusätzliche Hinweise auf die Genese des Werks.

So folgt der Umriss der Landschaft von *Das Jahr '55, sehr sanftes Erdbeben* weitgehend demjenigen, den wir aus dem Klebebild kennen. Auch das Motiv der durchwühlten, unsicheren Erdoberfläche geht auf diese Vorlage zurück. Und wie in der Collage erscheint links in der Darstellung ein monumentaler Engerling. Auch eine andere Arbeit aus der frühen Kölner Zeit, *Hier ist noch alles in der Schwebe ...*[2], muss man erwähnen, um die Herleitung des Themas aus dem Umkreis der Collage aufzudecken. Wir besitzen keine dokumentarischen Angaben zur Entstehung des Bildes. Doch steht es außer Frage, dass es 1922 gemalt worden ist. Dafür spricht, dass sich die Arbeit stilistisch in die Nähe eines anderen bedeutenden Bildes aus dieser Zeit rücken lässt, dem nächtlich-schwarzen *Der Nordpol* (Abb. 31).

Dieses Werk gelangte früh in den Besitz von Louis Aragon. Nach der Auskunft, die uns dieser in Gegenwart von Max Ernst gab, hatte ihm der Künstler das Bild bei der Ankunft in Paris (1922)

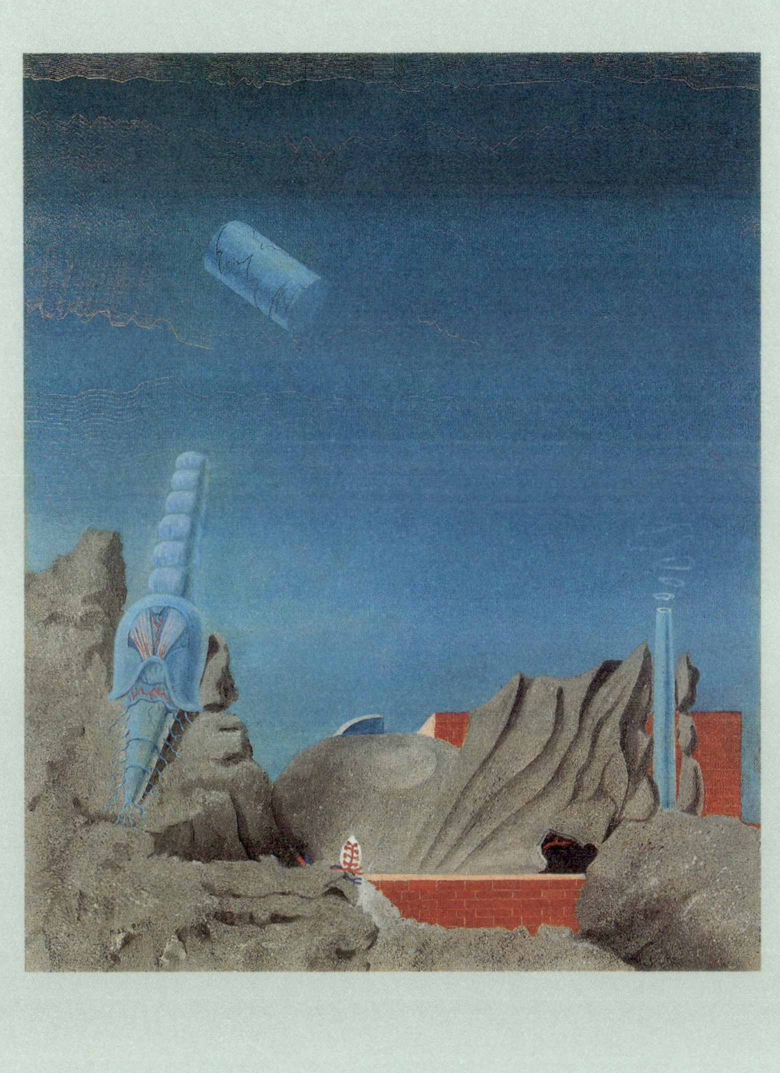

Abb. 30 Max Ernst, *Das Jahr '55, sehr sanftes Erdbeben,* 1922, Privatsammlung

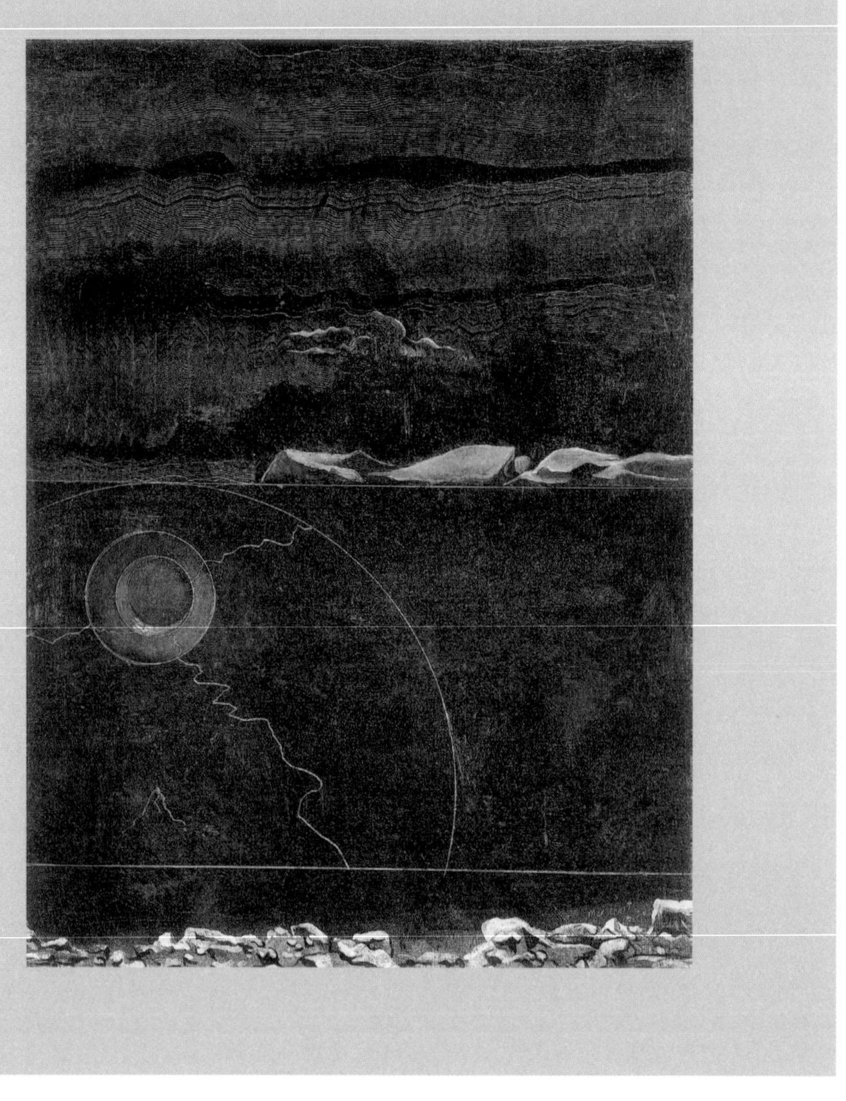

Abb. 31 Max Ernst, *Nordpol,* 1922,
Westfälisches Landesmuseum für Kunst und Kulturgeschichte, Münster

als Geschenk überreicht. Und zwar mit dem Hinweis, dies sei seine erste Landschaftsdarstellung. Betrachten wir *Nordpol* und *Das Jahr '55, sehr sanftes Erdbeben*, so ist nicht zu übersehen, dass in beiden Arbeiten ein neuer Ton erscheint. Den sensiblen Linienzügen, die im Nachthimmel des Nordpol-Bildes und im azurnen Blau von *Das Jahr '55, sehr sanftes Erdbeben* auftauchen, begegnen wir hier erstmals. Wir müssen den Hinweis auf das «sanfte Erdbeben» heranziehen, von dem im Titel die Rede ist. Max Ernst hat die zarten, parallelen Linien mit einem Kamm in die feuchte Farbe eingeritzt. Das Resultat der mechanisierten Technik lässt an Magnetfelder denken. Sie werden später ein Hauptmotiv des Künstlers. Dahinter steckt eine entscheidende inhaltliche Aussage, denn die Anspielung auf die «Champs magnétiques» berührt das Zentrum der surrealistischen Ästhetik. Es geht ihr darum, Spannung zu erzeugen und den «Funken Poesie» auszulösen, den der Zusammenstoß von einander fremden Körpern und Meinungen hervorbringt. Dies erklärt auch, warum in Collagen und Frottagen Abbildungen von Telefonleitungen, Hochspannungsnetzen und Transformatoren eine derart auffällige Bedeutung besitzen. In seinen *Notes pour une biographie* beschreibt Max Ernst unter dem Titel *Le secret des fils du télégraphe* die Faszination, die das Auf und Ab der Telefonkabel und die wandernden Strommasten bei der Zugreise auf ihn ausüben.[3] Dass es sich bei dem «Erdbeben» um die Evokation der tellurischen Kraft in einer inneren Landschaft handelt, zeigt die Tatsache, dass sich der Künstler in dem Text *Identité instantanée* (*Passbild*), den er 1936 in der Sondernummer der «Cahiers d'Art» publiziert, mit dem Hinweis auf dieses Naturereignis, auf das «tremblement de terre» charakterisiert. Er schreibt in dieser Selbstdarstellung: «Sie [die Frauen] vergleichen ihn gerne mit einem sanften Erdbeben, das, ohne Hast, nur leicht die Möbel verrückt, so als ob es überall aufräumen wollte.»

Apokalyptische Vision
und Claude Lévi-Strauss

In diesem Zusammenhang ist es wichtig, zu erwähnen, dass bereits die im November 1921 in der Zeitschrift «Das Junge Rheinland» veröffentlichte Collage *Im Donnerstein…* von einer autobiographischen Notiz des Künstlers begleitet wird. Zitate daraus helfen mit, den Inhalt von *Das Jahr '55, sehr sanftes Erdbeben* zu präzisieren. Wir haben aus diesem Text bereits im Zusammenhang mit *Leimbereitung aus Knochen* eine Stelle angeführt, in der von der Verwendung der Farben die Rede ist. Über die eigene Arbeit merkt er an: »Seine Farbgebung ist manchmal durchlocht und manchmal röhrenförmig. Seine Stoffausscheidung ist voller Pflanzen und Tierreste.» In dieser Passage ist auch von den «Griffelfortsätzen der Küstenländer und Vorgebirge» die Rede. Und schließlich treffen wir auf den Satz, mit dem sich Max Ernst selbst charakterisiert: «Dagegen fehlt ihm vollständig die bekannte Kreiseinteilung in Maße, Münzen und Gewichte. Stattdessen kennt er sich am nördlichen Sternhimmel gut aus. Mit besonderer Liebe beachtet er ganz nahe bei Mizar den Stern 5. Größe, nämlich Aktor oder das Reiterlein.» Diese Insistenz auf ein überscharfes Sehen, eines Sehens, das jenseits des gewöhnlichen Sehvermögens liegt, ist, wie bereits erwähnt, entscheidend. Es wird durch den Hinweis auf ein Lieblingsmotiv des Künstlers verdeutlicht. Max Ernst verweist auf die interstellaren Welten, von denen in zahlreichen seiner Bilder und Titel die Rede ist. Im zitierten Text entspricht die Ablehnung der berechenbaren Welt und des Vermessens einem derart erweiterten, besonderen Sehen. Das Erdbeben wird als Ausdruck der Fragilität des Umgangs mit einer Welt herangezogen, die sich nicht rational und anthropozentrisch erfassen lässt. In der Ausgangscollage *Donnerstein* hatte Max Ernst diese Erfahrung von Brüchigkeit, welche die Bildvorstellung bestimmt, noch konkreter ausgedrückt. Prämonitorische Vorstellungen spielen bei den Themen der Surrealisten eine entscheidende Rolle. Erinnern wir nur an das, was Max Ernst bei einem der frühen surrealistischen Gruppenspiele von Desnos offenbart wurde. In einer spiritistischen Runde gab dieser auf die Frage, wie lange Max Ernst leben werde, zur Antwort: «5l Jahre». Max Ernst scheint mit dieser Prophezeiung zu spielen. Er projiziert sich hier und auch später im amerikanischen Exil[4] in eine künftige Zeit und kokettiert mit dem datierten Ende seines Lebens.

Die konkreten Elemente im Bild *Das Jahr '55* – ein ödes Land, in dem das Leben, wie es der dampfende Schlot andeutet, allenfalls noch unter der Erde weiterzugehen vermag – lassen sich deuten. Auch die rote Ziegelmauer, die wiederholt in die steinerne Ödnis einbricht, ist uns vertraut. Mit dem rauchenden Schornstein liefert der Künstler eine Metapher für Umweltzerstörung und entvölkertes Dasein, das von Insekten und Würmern beherrscht wird. Das Bestiarium, das Lemuren und Insekten mischt, kündet von einer Zeit, die nichts mehr mit der geschichtlichen Welt zu tun hat. Unter den Skizzen, die im Umkreis der Illustrationen für die Zeitschrift «Documents» auftauchen, finden wir immer wieder Fragmente einer zerbrochenen Landschaft. Ein Gemälde, (*Die Ruine*) (Abb. 32) erscheint als Höhepunkt der von Explosionen schwarzen,

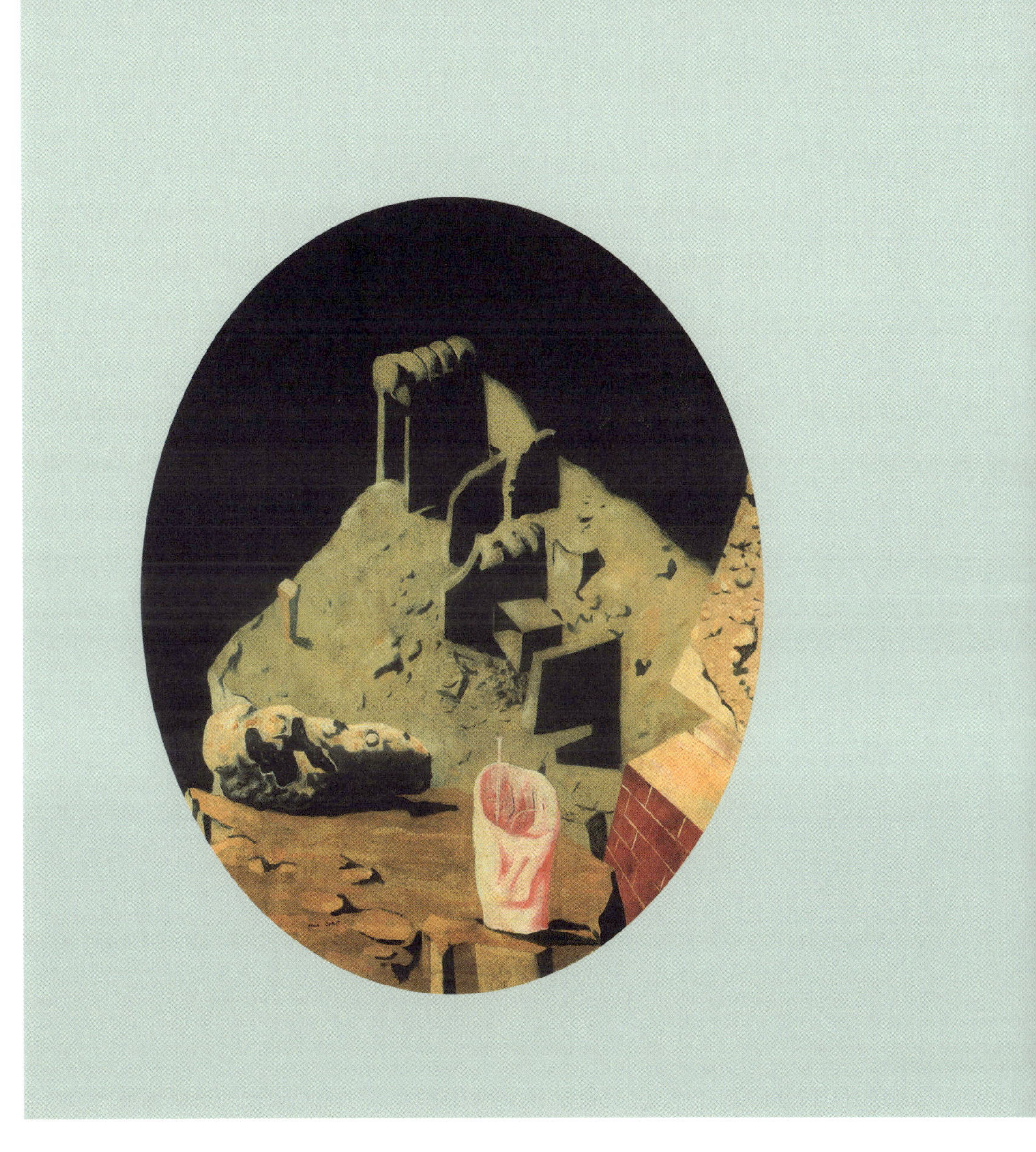

Abb. 32 Max Ernst, *Die Ruine,* ca. 1922, Pinakothek der Moderne, München

zerfledderten Welt. Eine längliche Form, die links im Bild liegt, könnte man als versteinerten Stierschädel interpretieren. Die Arbeit gehört zum Umkreis einer Imagination, in der Ruinenstädte oder Lavaströme, alles überwuchernde Urwälder und «Flugzeugfallen» in den Vordergrund treten. In diesen Visionen gibt es keine Menschen mehr. Zur apokalyptischen Vorstellung, hinter der Max Ernsts Kriegserlebnisse stecken, kann man den Satz zitieren, mit dem Claude Lévi-Strauss, der sich regelmäßig auf die Welt der Collage von Max Ernst bezogen hat, sein Buch *Tristes Tropiques* beschließt: »Le monde a commencé sans l'homme et il s'achèvera sans lui.» (Die Welt hat ohne den Menschen angefangen und wird sich auch ohne ihn vollenden.)

Ubu Imperator

Ubu Imperator (Abb. 33), das kompakte blutrote Monstrum mit schief gestelltem Hals und Kopf besetzt wie *Elefant Celebes* die gesamte Bildfläche. Max Ernst und die surrealistische Gruppe waren von Alfred Jarrys *Ubu Roi* fasziniert. Das Bild presst den Körper mit einem Gitterwerk aus starken Bändern in eine stämmige Form. Diese kann man mit der Zeichnung Jarrys vergleichen, der den Leib seines Ubu aus einer Mischung von Gedärm und Fahrradschläuchen zusammengesetzt hat. Die Herkunft der Armierung im Bild Max Ernsts verweist wie die aus Ziegeln hochgemauerte Form der *Sainte Cécile* auf den Bronzeguss. Nur die Arme und Hände entkommen der Einkerkerung. Im oberen Teil des *Ubu Imperator* tauchen Zeichen auf, die man als Auge und Mund deuten kann. Der Koloss balanciert auf einer nadeldünnen Spitze und wird zum Kreisel.[1] Ob Max Ernst die aquarellierte Federzeichnung *Der Kreisel* von Alfred Kubin gesehen hatte, lässt sich nicht feststellen. Aber es ist anzunehmen, dass er den menschlichen Kreisel, den

«L'homme toupie» Kubins, vom Zirkus kannte, wo der Auftritt solch gewandter Jongleure zu den beliebten Attraktionen gehörte. Wir wissen auch nicht, wann Max Ernst Kafkas verstörendes Prosastück *Der Kreisel* gelesen hat. Für die Entstehung des Bildes (1923/24) konnte im Übrigen die Kenntnis des Textes von Kafka keine Rolle spielen, da *Ubu Imperator* einige Jahre vor der Veröffentlichung des kurzen, von Max Brod aus dem Nachlass Kafkas herausgegebenen Manuskripts gemalt wurde. In ihm lesen wir über die Freude und Enttäuschung des Philosophen, dem jede Kleinigkeit, «also zum Beispiel auch eines sich drehenden Kreisels», zur Erkenntnis des Allgemeinen diente. Und wörtlich heißt es bei Kafka: «darum beschäftigte er sich nicht mit den großen Problemen, das schien ihm unökonomisch, war die kleinste Kleinigkeit wirklich erkannt, dann war alles erkannt, deshalb beschäftigte er sich nur mit dem sich drehenden Kreisel.» Doch wenn der Philosoph ihn gefangen hatte, war er nur einen Augenblick lang glücklich. Er warf das Spielzeug auf den Boden und ging fort und «taumelte wie ein Kreisel unter einer ungeschickten Peitsche.» Das kurze Stück Kafkas, das eine unerklärliche Episode skizziert, könnte Max Ernst später bei der Abfassung seiner Lebenserinnerungen beschäftigt haben. Denn auch er schildert etwas Unfassbares, eine Atemlosigkeit, die ihn zutiefst bestürzte. In den auto-

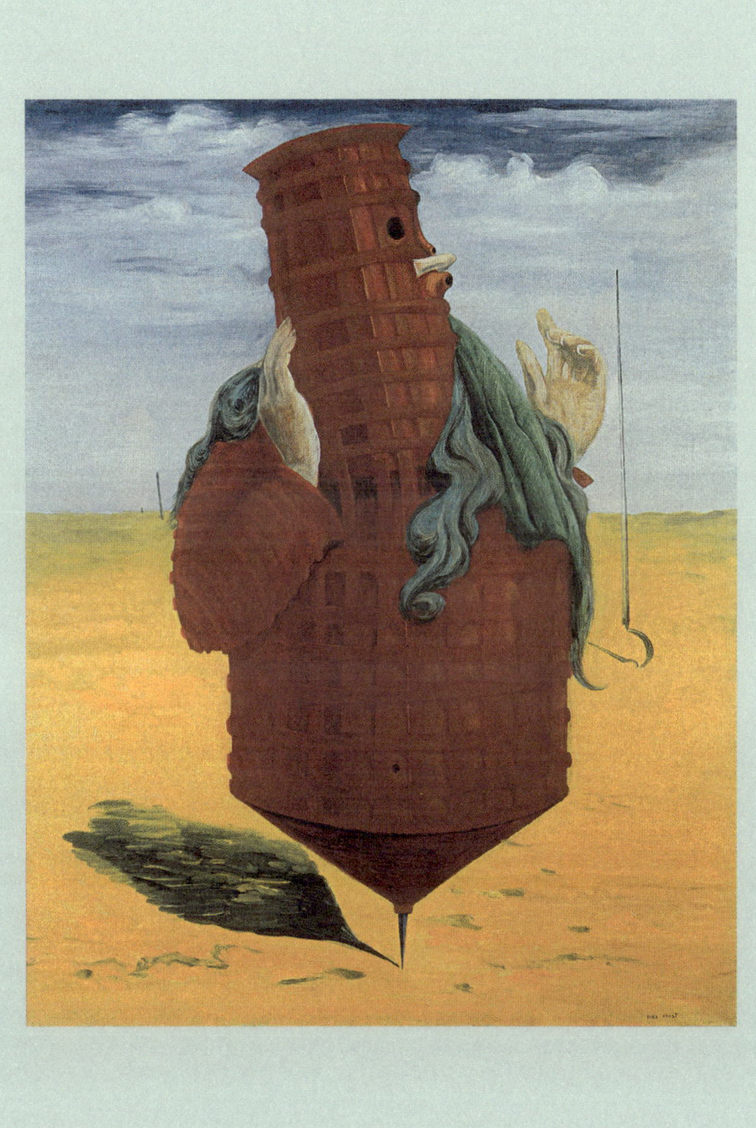

Abb. 33 Max Ernst, *Ubu Imperator,* 1923–1924,
Centre Pompidou, Paris

biographischen Notizen, im Traktat *Au-delà de la peinture*, beschreibt der Autor die Verwirrung des kleinen Max. Er sieht im Fiebertraum einen schweißglänzenden Mann, der langsame, drollige und beschwingte obszöne Bewegungen ausführt. Und nachdem er mit offenen Beinen, gebeugten Knien und gekrümmtem Oberkörper in Zeitlupe einige Sprünge beendet hatte, habe er lächelnd aus der Hose einen dicken Stift von weichem Material herausgeholt. Mit ihm habe der gute Mann eine Reihe von Formen erzeugt und in einer Vase verstaut, die er zuvor in den leeren Raum gemalt hatte. Den Inhalt der Vase habe er mit seinem dicken Stift in immer schnellere Bewegung versetzt. Und aus der sich drehenden Vase sei ein Kreisel und aus dem Stift eine Peitsche geworden.[2] Es ist nicht nötig, die Begriffe und Schilderungen zu interpretieren. Max Ernsts Text *Danger de pollution*, der wie die autobiographischen Notizen in den frühen Dreißigerjahren erscheint, erläutert den sexuellen Inhalt des Traums und die postkoitale Depression, die Kafka im Hinweis, dass der Voyeur «nur einen Augenblick glücklich» war, anklingen lässt. Die Schilderung Max Ernsts bezieht sich eindeutig auf *Ubu Imperator*, auf dessen ausschweifende Gewalt und Unersättlichkeit. Auch dieses Bild wird wie andere Werke der Zeit von einer erotomanischen Obsession begleitet.

Castor und Pollution

Ein zwischen Anziehung und Abstoßung oszillierendes Gemälde (Abb. 34) erscheint im Anschluss an *Au rendez-vous des amis*.

Nach einer Auskunft, die ich Max Ernst verdanke, soll die Idee zum Bild auf die Zusammenarbeit mit Robert Desnos zurückgehen. Wie für andere Bilder – *Les invités du dimanche* und *Le couple* – entstanden zwei Versionen.[1] Eine kleinere, in der die materielle Verwendung von Vorlagenmaterial noch spürbar bleibt und eine größere, in der keine Collagenelemente auftreten. Bereits der Titel ist zweideutig und anzüglich – sicher, er bezieht sich auf das zur Hälfte sterbliche und zur Hälfte unsterbliche Zwillingspaar, auf die Dioskuren Castor und Pollux aus Ovids Metamorphosen. Aber die Verballhornung von Pollux in das französische «Pollution» meint Onanie. Der ungeheure Text *Pollutionsgefahr*, den Max Ernst 1931 in *Le Surréalisme au service de la révolution* publiziert hat[2], gibt dazu einen eindeutigen Kommentar. Max Ernst kompiliert auf radi-

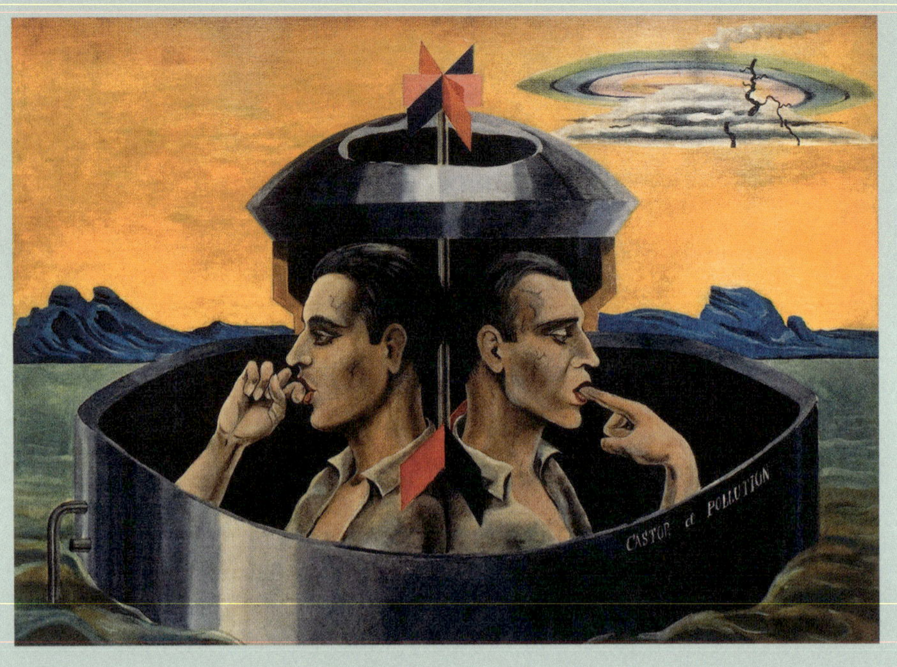

Abb. 34 Max Ernst, *Castor und Pollution,* 1923, Privatsammlung

kale Weise den «ganzen Dreck der Kirchenväter» und des Geheimen Manuals des Monsignore Bouvier. Es handelt sich in *Pollutionsgefahr* um den wohl spektakulärsten und obszönsten Beitrag zum antiklerikalen Aufstand der Surrealisten. Max Ernst fasst das Programm zusammen: «Die Kasuistiker haben, mit widerlicher Säuberlichkeit, die Grenzen errichtet, die die verbotenen erotischen Zonen, die halb verbotenen, die tolerierten und die empfohlenen Zonen voneinander scheiden.» Vor diesem Hintergrund entfalten die Assoziationen, die das Bild, das Spiel der Finger, das Lecken und Saugen zulassen, eine schockierende Aussage, die dafür verantwortlich ist, dass das Bild *Castor et pollution* in der Wirkungsgeschichte des Werks verschwiegen wurde. Wir finden bis ins Jahr 1974 in der Literatur zu Max Ernst keine einzige Abbildung des Werks. Dabei gibt es in der Frühzeit Max Ernsts zahlreiche Arbeiten und Bezeichnungen, die offen oder verdeckt auf Sexuelles anspielen. Auch hinter scheinbar unschuldigen Titeln wie *Perturbation ma soeur* lauert Verfängliches, nämlich das Diktum *Masturbation ma peur*. Ausgangspunkt für die Annäherung der zwei Männer im Bild war wohl die Wiedergabe einer Zeichnung, auf die Max Ernst in der Zeitschrift «La Nature» gestoßen war und die im Œuvrekatalog unter dem apokryphen Titel «Studenten in Heidelberg» geführt wird (Abb. 35).

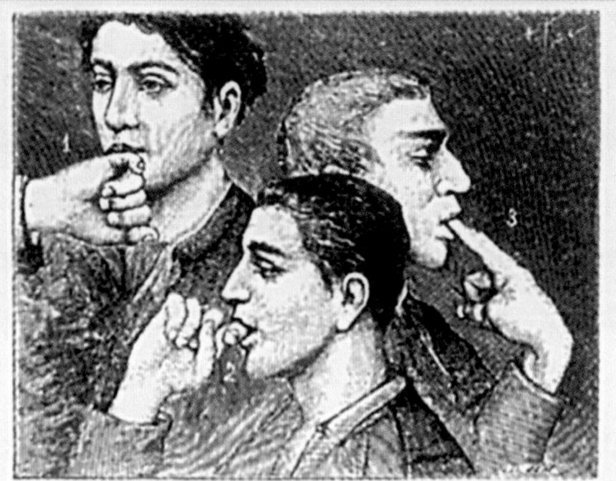

Fig. 1, 2 et 3. — Différentes manières de siffler avec les doigts.

s bas, larges, d'aspect rectangu-
oit, court, large; les pommettes

dont la pureté est progressivement
conférence par l'élément sémite. I

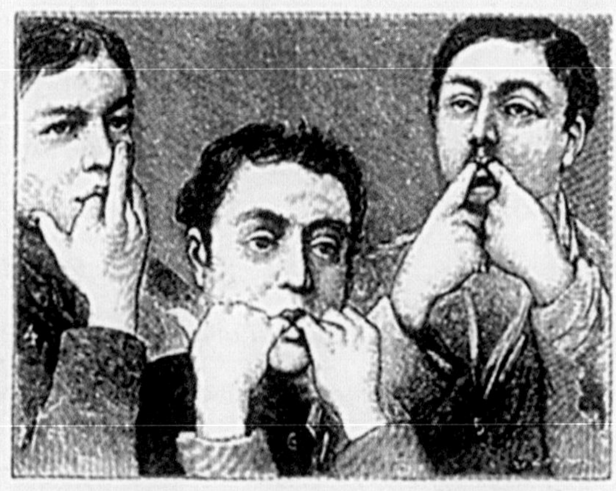

Abb. 35 «Studenten in Heidelberg» aus «La Nature», 1892

Wir entdecken drei junge Leute, die offensichtlich dank verschiedener Positionen von Fingern und Mund Geräusche produzieren. Max Ernst meinte, es habe sich in der Darstellung um die Anleitung gehandelt, auf den Fingern zu pfeifen. Sicher darf man in dem Motiv eine autobiographische Anspielung entdecken. Es geht um den Hinweis auf den Theaterskandal, den Max Ernst und seine Freunde in Köln 1919 ausgelöst hatten. Über die Störung der Aufführung «Der junge König» lesen wir in der Rheinischen Volkswacht am 5. März 1919: «Herr Ernst signalisierte kurz vor Beginn der Vorstellung zu dem ihm gegenüberliegenden Rang hinüber und legte dabei Mittel- und Zeigefinger beider Hände wie beim Pfeifen an den Mund». Der Gedanke zum Bild taucht ein Jahr vor Kafkas Sammelband *Der Hungerkünstler* auf, in dem der Text *Josefine die Sängerin oder das Volk der Mäuse* erscheint. Ein Zitat daraus könnte man auf *Castor und Pollution* beziehen: «Ist es denn überhaupt Gesang? Ist es nicht vielleicht doch nur ein Pfeifen? Und Pfeifen allerdings kennen wir alle, es ist die eigentliche Kunstfertigkeit unseres Volkes, oder vielmehr gar keine Fertigkeit, sondern eine charakteristische Lebensäußerung.» Und noch ein Zitat aus dem Text möchte man anführen, um die rätselhafte Nähe zwischen Max Ernsts Welt der Collage und Kafka spürbar zu machen. Es geht um Ödipus Rex und die Nuss: «Eine Nuss aufknacken ist wahrhaftig keine Kunst, deshalb wird es auch niemand wagen, ein Publikum zusammenzurufen und vor ihm, um es zu unterhalten, Nüsse knacken. Tut er es dennoch und gelingt seine Absicht, dann kann es sich eben doch nicht nur um bloßes Nüsseknacken handeln.»

Das doppelköpfige Wesen taucht bei Max Ernst wiederholt auf. Es besitzt einen tief melancholischen Sinn, der an Freuds Hinweis auf das Todesomen des Motivs vom Doppelgänger denken lässt. Aus Jean Pauls *Siebenkäs*, aus E.T.A. Hoffmanns *Elixiere des Teufels*, aus Gogols *Die Nase* oder Dostojewskis *Der Doppelgänger* war dem Künstler das Thema wohlbekannt. Auch Chagall hat in *Paris durch mein Fenster* (1915) zwei Köpfe siamesisch verbunden. Für Max Ernst besitzt die gespiegelte Präsenz eines Wesens, das Gespaltene, Sterblich-Unsterbliche eine überragende Bedeutung. In seinem Collageroman *Rêve d'une petite fille qui voulut entrer au Carmel* tritt die Hauptfigur des Romans in der Doppelrolle Marceline-Marie auf. Die verstörende Doppelexistenz findet ein Echo in der Reihe der *Selbstporträts* Claude Cahuns, die wie Max Ernsts Collageroman in den späten Zwanzigerjahren entstanden sind. Auf einer Version, die den Titel trägt *I am in training don't kiss me* hält Claude Cahun eine Hantel (Abb. 36).

Eine der beiden Kugeln des Instruments trägt die Inschrift «Castor et Pollux». Das gespaltene Wesen erscheint bei Ernst erst-

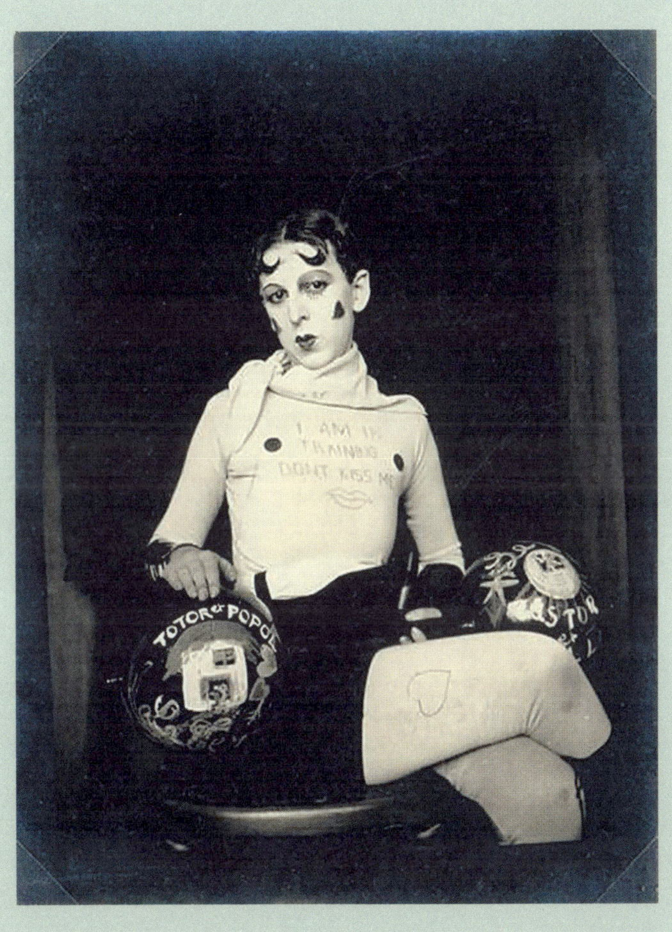

Abb. 36 Claude Cahun mit Hantel «Castor et Pollux», 1927, Jersey Heritage Collections, Jersey Islands

mals in dem großformatigen Aquarell *Les hommes ne le sauront jamais*[3] und im Gemälde *Vögel, Fisch-Schlange*[4]. In beiden Fällen verbinden sich Vogelköpfe zu einem Mischwesen. Sie bilden die Keimzelle für Kompositionen wie *100 000 Colombes*, in denen sich zahllose Vogelleiber zu einer kompakten Masse verbinden, die in späteren Jahren Dubuffet zu seinen «agglomérations» angeregt haben sollen. Eine weitere materielle Quelle für die Komposition von *Castor und Pollution* entstammt einer Entlüftungsanlage für Männer, die unter Tage in einer Mine arbeiten. Der Mast mit den Ventilatoren überragt die Darstellung in *Castor und Pollution*. Für die Konstruktion des Bootes, auf dem die zwei Freunde offensichtlich wie in der Illustration aus «La Nature» verschiedene Varianten des Pfeifens erproben, dienten Illustrationen von Unterseeboten. Eindrucksvoll ist die schwefelgelbe Stimmung des Himmels. Rechts oben durchzucken das gewittrige Firmament schwarze, Unheil verkündende Blitze. Es handelt sich zweifellos um eine Anspielung auf die surrealistische, blitzartig aufscheinende Schönheit, die Breton mit dem berühmten Wort «la beauté sera convulsive» definiert hatte. Die finstere Erscheinung im Himmel scheint dem Ausdruck auf den beiden Gesichtern des Paars im Boot zu antworten. Denn die dunklen Adern auf den Stirnen sind, wie der rechte Teil des Himmels, auf beängstigende Weise bis zum Zerplatzen angeschwollen.

Die Menschen werden nichts davon wissen

Aus derselben Zeit stammt eine der ergreifendsten, kryptischsten Darstellungen von Max Ernst (Abb. 37). Der Titel zeigt an, dass es um ein Geheimnis geht, das nie und nimmer öffentlich gemacht werden soll.

Der Künstler hat dem Bild einen umfangreichen und detaillierten Kommentar beigegeben, den er zusammen mit dem Titel auf der Rückseite der Leinwand notiert hat: «DIE MENSCHEN WERDEN NICHTS DAVON WISSEN. Die Mondsichel (gelb und mit Fallschirm) verhindert, dass die kleine Pfeife zu Boden fällt. Da man sich um sie kümmert, stellt sie sich nun vor, zur Sonne aufzusteigen. Das Modell ist in einer träumenden Pose ausgestreckt. Das rechte Bein ist noch einmal angewinkelt (angenehme und exakte Bewegung). Die Hand verdeckt die Erde. Durch die Bewegung erhält die Erde die Bedeutung eines Geschlechts. Der Mond durch-

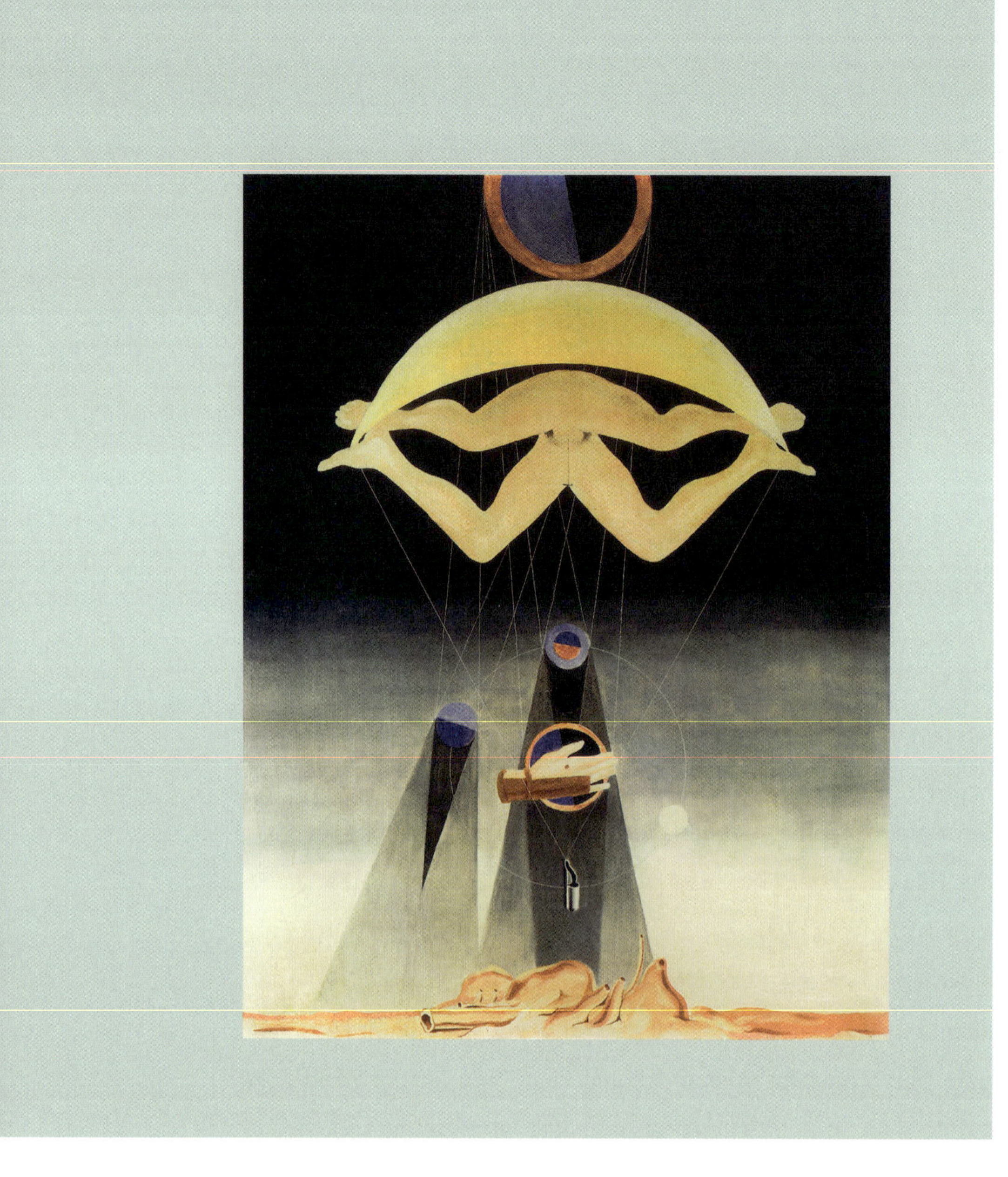

Abb. 37 Max Ernst, *Die Menschen werden nichts davon wissen,* 1923, Tate Britain, London

läuft in größter Eile all seine Phasen und die Finsternis. Das Bild wirkt durch seine Symmetrie seltsam. Die beiden Geschlechter befinden sich im Gleichgewicht. für André Breton / in tiefer Freundschaft / max ernst.»[1]

In *Nadja* berichtet Breton,[2] «sie (Nadja) hat sich ausführlich über ein ausnehmend schwieriges Gemälde von Max Ernst ausgelassen (*Mais les hommes n'en sauront rien*), und zwar genau der ausführlichen Legende entsprechend, die sich auf der Rückseite der Leinwand findet.»[3]

Hand –
Geste der *Venus Pudica*

Es ist überraschend und aufschlussreich, dass sich Breton, dem dieses Bild gewidmet ist, nur sehr lakonisch zum Inhalt äußert. Er zitiert dazu eigentlich nur die Reaktion von Nadja, die sich ausführlich über das «ausnehmend schwierige» Gemälde von Max Ernst ausgelassen habe. Breton seinerseits gibt keinerlei Hinweis auf die komplexe Darstellung, die man am ehesten in die Nähe von Duchamps *Grand Verre* zu rücken und mit vergleichbarer Akribie zu detaillieren hat. Warum sich Breton diesem Auftrag entzogen hat, wissen wir nicht. Vielleicht, um nicht an das Geheimnis, auf dem Max Ernst im Titel so eindringlich bestand, zu rühren. Das eindrucksvolle Bild zerfällt in zwei Hälften: ein nachtschwarzer Himmel lichtet sich schlagartig der Erde zu in ein helles Grau, das unten vom schmalen braunen Band der Erdoberfläche aufgefangen wird. Oben, im Bereich des Himmels sehen wir zwei Körper, die kopulieren. Es kommt dabei zu akrobatischen Kontorsionen, die wir aus dem Schaugewerbe, der Welt des Zirkus kennen. Dabei entsteht eine Silhouette, die Beine, Torso und Arme zu einem Zeichen komprimiert. Diese überraschende Hieroglyphe des Leibs hat weitere Künstler herausgefordert. Wir zitieren nur Pyke Kochs *La Grande Contorsionniste* (1957). Und Jeff Koons, richtiggehend vernarrt in das Bild, versuchte vergebens von den Rechtsinhabern das Einverständnis für eine eigenständige Version der Arbeit Max Ernsts zu erhalten. Um die Beine der unteren Figur zu malen, scheint Max Ernst auf eine Schablone zurückgegriffen zu haben, die ihm bereits zweimal bei der Ausführung der großen Zeichnung *Un homme en peut cacher un autre* (Abb. 38) gedient hatte.

Auch dies zeigt, dass Collage und zitierendes Vorgehen fast durchgehend den Charakter des Werks bestimmen. Die Formwiederholung sorgt dafür, dass eine subkutane, sich keineswegs auf-

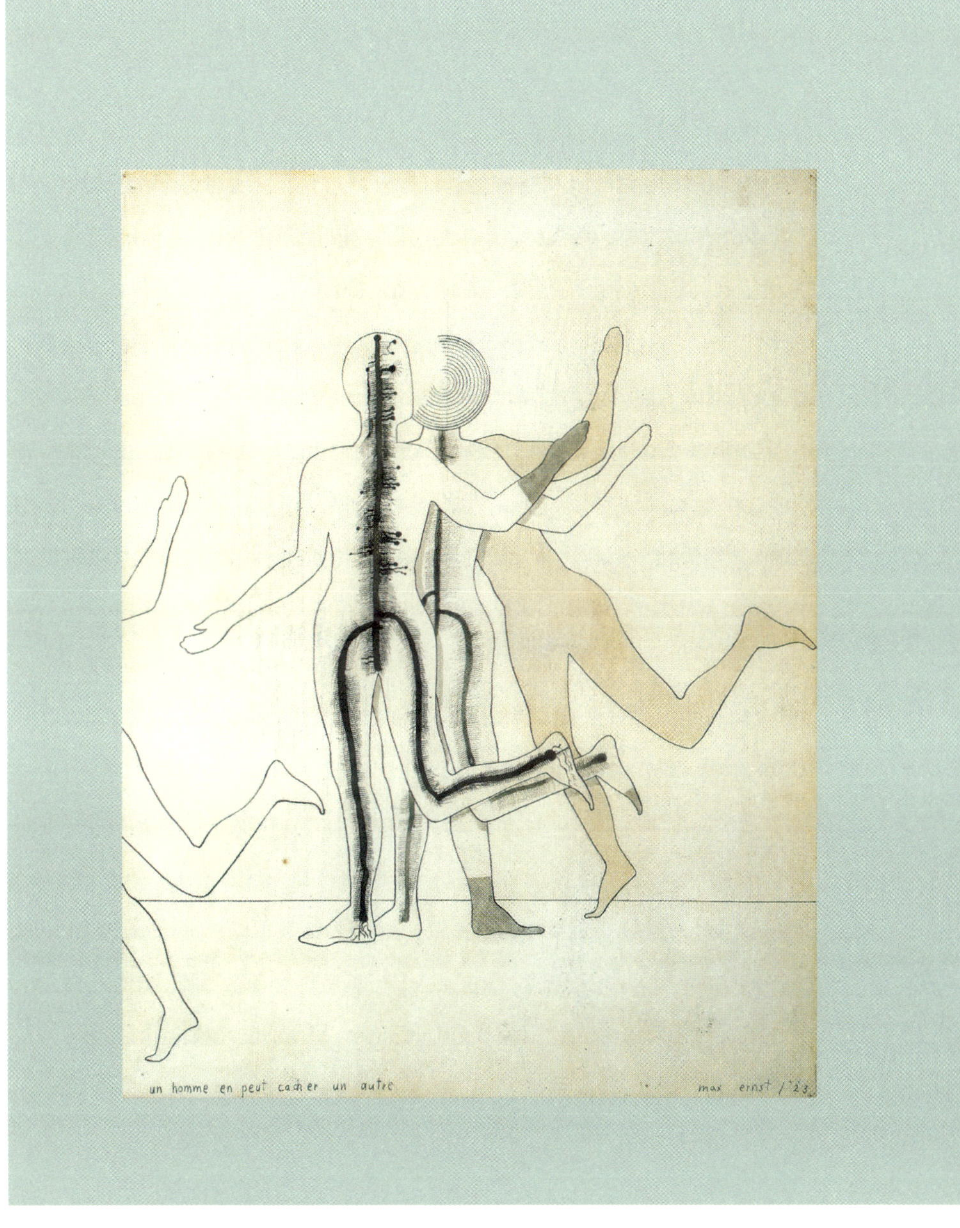

Abb. 38 Max Ernst, *Un homme en peut cacher un autre,* 1923, Privatsammlung

drängende Resonanz zwischen Blatt zu Bild erreicht wird. Dass der Liebesakt im Himmel stattfindet, hat nicht nur metaphorische Bedeutung. Auch hier kann sich Max Ernst auf Lektüren beziehen, nicht zuletzt auf eine der bekanntesten biologischen Popularisierungen der Zeit, auf Maurice Maeterlincks *Das Leben der Bienen*. Im Kapitel *Hochzeitsflug* poetisiert der Autor Begattung, Bienenkönigin und Tod der Bienendrohne als einen Akt, der nur hoch oben im Himmel stattfinden könne. Zum Ritual, auf das im Bild angespielt wird, gehört auch die Trillerpfeife, die unten auftaucht. Sie erscheint unter der Hand, deren Platzierung an die Geste einer Venus Pudica denken lässt. Die Pfeife passt zum Ritual, das aufgeführt wird. Dahinter steht eine kleine Szene, die Paul Éluard und Max Ernst unter dem Titel «Et suivant votre cas – la série des jeunes femmes» (Und je nach Ihrem Fall – die Reihe junger Frauen) entworfen haben. Hier herrscht der Befehlston des Zeremoniells, der keinen Widerspruch duldet. Die Frau muss sich rittlings, mit gespreizten Beinen auf dem Schoß des Mannes niederlassen.

Die schwankende Frau

Öl auf Wogen: Die Vorlagen aus «La nature»

Im Anschluss an die Übersiedlung nach Paris im Jahre 1922 entstehen weitere Gemälde, hinter denen durchgehend die Ideologie der Collage steckt. Dazu gehört, wie bereits erwähnt, *Die heilige Cäcilie*. Zu den Anregungen für diese Bilder dienen Darstellungen aus Zeitschriften und Traktaten, in denen von disparatesten Inhalten die Rede ist. Der überaus diverse Ansatzpunkt für die Inspiration erklärt die thematische und formale Distanz zwischen den Arbeiten. Eines der spektakulärsten Bilder dieser Jahre, *Die schwankende Frau* (Abb. 39), geht, wie ich 1974 herausgefunden habe, auf zwei Illustrationen zurück, die verschiedenen Jahrgängen der Zeitschrift «La Nature» entstammen (Abb. 40a, b). Sie können die materielle Herkunft der Darstellung eindeutig belegen. Ja, abgesehen von *Leimbereitung aus Knochen* oder dem späteren *Nageur aveugle* scheint dies der einzige Fall zu sein, in dem sich die Herkunft und Komposition eines Bildes lückenlos aus einer oder maximal zwei Quellen ableiten lässt.

Eine der beiden präsentiert eine Akrobatin, die sich mithilfe von Saugnäpfen an den Sohlen ihrer Schuhe kopfunter am Plafond des Zirkuszelts fortbewegen kann. Auf der zweiten Illustration entdecken wir eine abstruse Vorrichtung, die, wie wir dem begleitenden Kommentar entnehmen, Schiffen ermöglichen soll, Öl aufs Meer zu gießen, um bei gefährlichem Wellengang die Wogen zu besänftigen. Man könnte angesichts des haarsträubenden Vorschlags an eine Anleitung zur Erzeugung von Ölpest denken. Die Abbildung in «La Nature» präsentiert folglich auch nicht, wie man zunächst annehmen könnte, die Montur für einen Reifrock, sondern die Strahlen von ausströmendem Öl. Wie kam es nun dazu, dass Max Ernst diese beiden Darstellungen zur «Schwankenden Frau» verband? Es handelt sich um zwei völlig getrennte Ausgangsmotive. In der Publikation «La Nature» liegen sie Jahrgänge auseinander. Eine der beiden Illustrationen muss den Blick für die zweite geschärft und zu ihrer Verwertung aufgefordert haben. War es die Varietékünstlerin oder der bizarre Vorschlag aus dem neunzehnten Jahrhundert? Tänzerinnen finden wir immer wieder in frühen Zeichnungen und auch aus dem Jahr 1923 kennen wir ein Blatt, das die Beinbewegungen einer Seiltänzerin skizziert. (Spies/

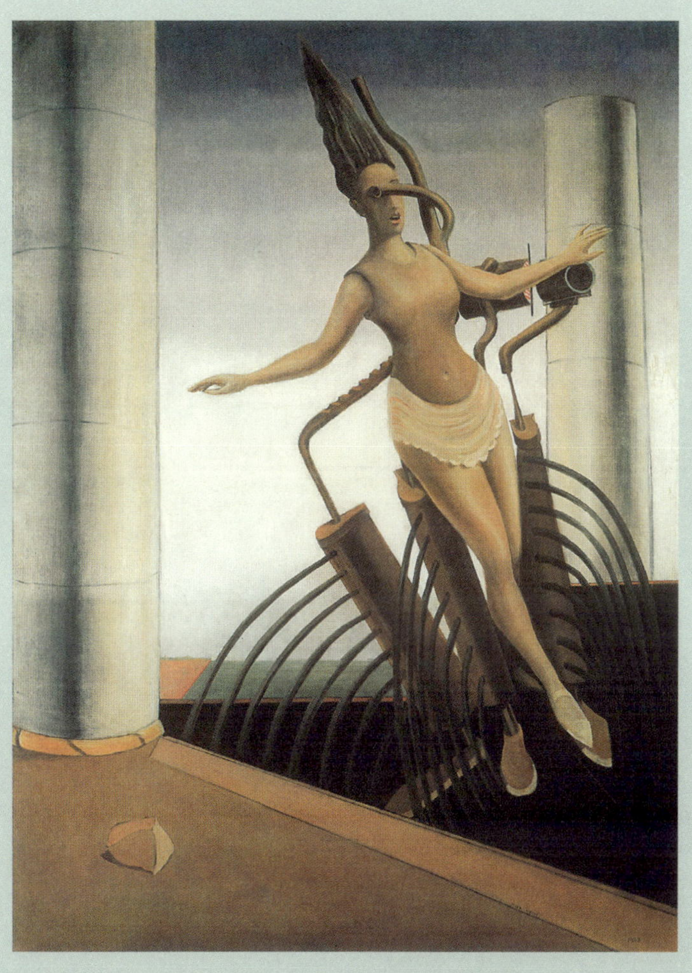

Abb. 39 Max Ernst, *Die schwankende Frau,* 1923, Kunstsammlung Nordrhein-Westfalen, Düsseldorf

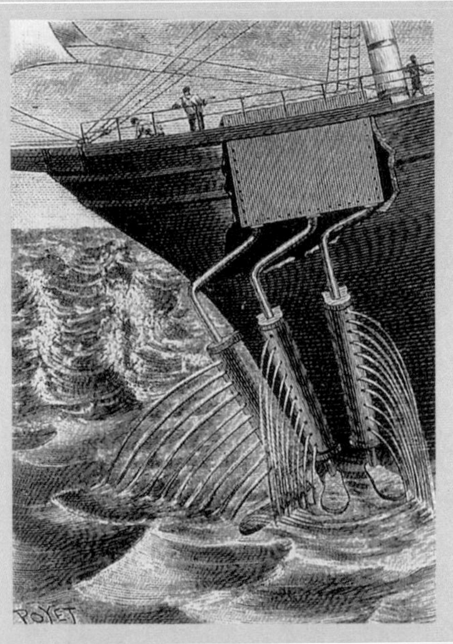

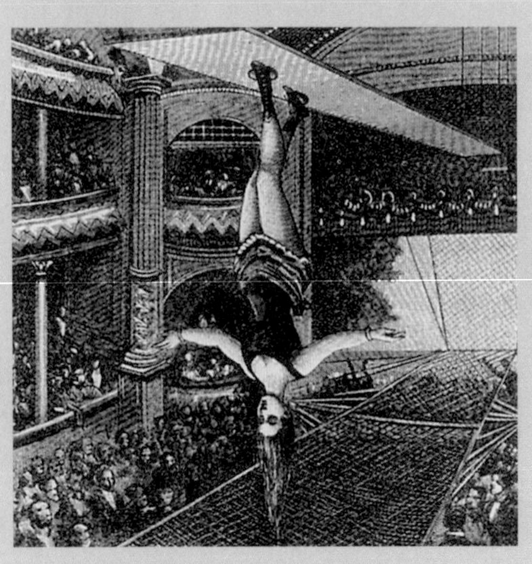

Abb. 40 a, b Zwei Darstellungen aus «La Nature», 1887–1890

Metken 567). Im «Appareil pour lancer l'huile à la mer» entdecken wir ein Detail, das Max Ernst zur Ergänzung aufgefordert haben könnte. Die zwei länglichen, vorne abgerundeten Formen im unteren Bereich der Illustration lassen an den Platz für Schuhsohlen denken. Auf sie kann die Akrobatin in der Collage ihre Füße setzen. Die Zirkusartistin wird dank dieser Operation der halsbrecherischen Aktivität entrissen und auf den Kopf, richtiger auf die Beine gestellt. Die Ölstrahlen verwandeln sich zum Gestell für einen glockenförmigen Reifrock. Die beiden Säulen links und rechts im Bild rufen den Aufbau der Loge ins Gedächtnis, vor der sich die Artistin während ihres Auftritts produziert.

Die schwankende Frau zeigt eine weibliche Figur, die, mit einem schlangenförmig gekrümmten Ast vor den Augen ohne Sicht, mit ausgebreiteten Armen auf einem offensichtlich metallischen Gerüst balanciert. Ihr Haarschopf, der sich nach oben sträubt, negiert die Anziehungskraft. Der Titel *Die schwankende Frau* – wir wissen nicht, wann er erstmals verwendet wurde – gibt offenkundig einen Hinweis auf die damaligen Lebensverhältnisse Max Ernsts. Zweifellos stellt die Frau Gala dar, die zwischen ihrem Mann Paul Éluard und Max Ernst hin und her zu schwanken scheint. Es ist ein Motiv, das wir auch im Haus in Eaubonne antreffen, das Max Ernst dekoriert hat. Auf zwei Flügeltüren hatte er zwei mannshohe Schmetterlingsflügel gemalt und auf das schmale Zwischenstück den Leib des Schmetterlings. Der braune Insektenkörper besaß etwas Unheimliches, Extraterrestrisches. Die sich öffnenden und sich schließenden Türen sollten den Flügelschlag nachahmen. Dabei stellt sich die Vorstellung von einem menschlichen, flatterhaften Leib ein.

Previtalis *Fortuna* und die flatterhafte Frau

Und hier kompliziert und präzisiert sich die Szene. Sie verbindet sich mit dem ikonographischen Wissen, über das der ehemalige Student der Kunstgeschichte verfügt. Schwankend ist das Glück, die «Occasio», die «Fortuna». Der Künstler liefert unübersehbar eine Version der Glücksgöttin, für die Cesare Ripa in seiner *Iconologia* die Attribute festgeschrieben hat.

Und in der Tat können wir immer wieder erkennen, dass erst die Projektion eines ikonographischen Vorbesitzes auf das Material dieses für Max Ernst relevant macht. Ein Vergleich mit der *Fortuna* (Abb. 41) von Andrea Previtali in der Accademia in Venedig, die lange Bellini zugeschrieben war, bestätigt den allegorischen Inhalt

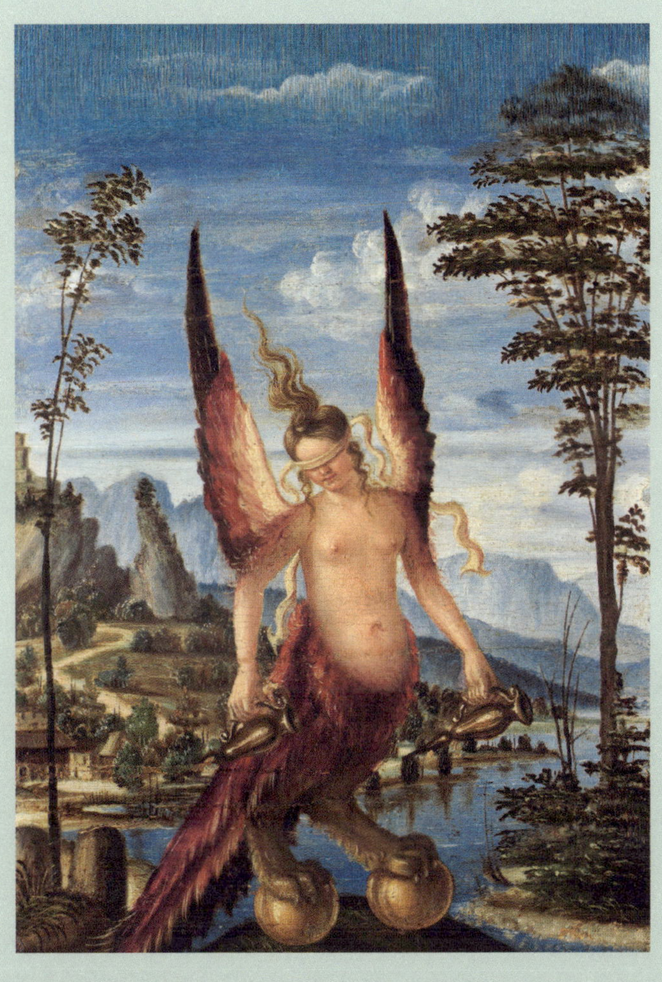

Abb. 41 Previtali, *Fortuna,* ca. 1490, Galleria dell'Accademia, Venedig

der *Femme chancelante*. Auch in der Darstellung Previtalis sind die Augen der *Fortuna* verdeckt und sie trägt gleichfalls einen Haarschopf, der, Logik und Schwerkraft spottend, steil nach oben ragt. Links und rechts rahmen die Darstellung wenn auch keine Säulen wie im Bild Max Ernsts so doch hochgewachsene Bäume. Zudem balanciert die Frau, als Ausdruck der Unbeständigkeit des Glücks, auf zwei Kugeln. Die schiefe Haltung des Körpers, die wir aus Previtalis *Fortuna* kennen, unterstreicht den wankelmütigen Charakter der Glücksgöttin. Und diese labile Verankerung, die gestattet, dass sich der Körper im Bild von Previtali der linken Bildhälfte zuneigt, finden wir auch in Max Ernsts Version. In ihr ist gleichfalls der Körper aus der Achse gerückt. Diese prekäre Ponderierung ist typisch für das Frühwerk des Künstlers. Bereits in den Klischeedrucken oder in *Selbstkonstruiertes Maschinchen*[1] dominiert die labile Bildarchitektur. Hinter ihr steckt ein konstruktivistisches Denken, das das additiv eingesetzte Material in Spannung versetzt. Doch anstelle der metallenen Sphären, auf denen bei Previtali die Füße Halt finden, entdecken wir in der *schwankenden Frau* für die Verankerung des Körpers einen strahlenförmigen Aufbau, der an einen mit Fischbein oder Federstahl gespreizten Reifrock denken lässt. Die Streben des Verdugado verweisen auf den sexuellen Hintergedanken, der die zwei Ausgangsillustrationen zu einer persönlichen

Version der «Fortuna» umdeutet. Dafür spricht, dass das Frühwerk, die Titel der Collagen und Übermalungen, häufig erotische Anspielungen enthalten. Die vertikalen Stützen, die die Frau einrahmen, lassen sich im Wissen um diese Praxis als erigierte Penisse deuten, die Ströme von Sperma ausschütten. In Max Ernsts Version der Allegorie des Glücks wurden wohl in einem ersten Schritt die zwei Illustrationen aus «La Nature» zu einer Collage zusammengefügt. Es liegt nahe, dass der Künstler Ausschnitte aus beiden Abbildungen zum «Anprobieren» übereinanderklebte. Die Proportionen der Darstellungen brauchte er dabei nicht anzutasten. Beide Elemente «passten». Einige Silhouetten, die in den Gemälden dieser Zeit aufeinandertreffen, wirken wie ausgeschnitten. Starke Umrisslinien bestimmen generell den Stil der Arbeiten. Nirgends ist in diesen Jahren auch nur die leiseste Beschäftigung mit dem Kubismus oder Futurismus spürbar. Ebenso findet man keine Auseinandersetzung mit dem Expressionismus.

Härte des Metalls, Überschärfe

Am ehesten lassen sich gewisse Vorlieben im Werk – die Maschinen, die Härte metallener Formen, das Zersägen – mit dem vergleichen, was damals auch Otto Dix in seinen Bildern in den Vordergrund stellte. Dix' Bildnis des Urologen Hans Koch, das 1921 entstand, möchte man in die Nähe von *Oedipus Rex* rücken. Auch hier trifft Fleisch auf tranchierende Instrumente. Nicht von ungefähr freundeten sich beide Künstler damals in Düsseldorf an. Die schroffe und unerwartete Konfrontation von Gegenständen und Körpern steht dem veristischen Flügel der Neuen Sachlichkeit und dem italienischen *Realismo Magico* von Antonio Donghi, Felice Casorati oder Ubaldo Oppi nahe. Doch vor allem kennen wir diesen harten Zusammenstoß der Dingwelt aus den frühen Bildern de Chiricos und Carràs, die Max Ernst kurz nach seiner Rückkehr aus dem Krieg überwältigt haben. Seine acht Lithographien zum Portfolio *Fiat Modes* und Bilder wie *Aquis submersus*[2], *Justitia* (auch *Metzgerladen*[3]) und *Das Jüngste Gericht* (auch: *Auferstehung des Fleisches*[4]) unterstreichen die Auseinandersetzung mit den Künstlern der «pittura metafisica», die Max Ernst beim Besuch der Münchener Buchhandlung Goltz in einem Heft der «Valori plastici» kennenlernte. Einige Arbeiten nehmen vor allem die Räume Carràs zum Vorbild. Doch was im Unterschied zu de Chiricos und Carràs Bildwelt dann rasch wieder verschwindet, ist die forcierte Zentralperspektive, die Architektur und Plätze in eine messerscharf gezogene Topographie zwingt. Bei Max Ernst regiert dafür schnell fast ausnahmslos die Luftperspektive, die einen ungreifbaren Sehnsuchtsraum entstehen lässt, den im Hintergrund ein fernes, tief liegendes Bergpanorama begrenzt. Die Objekte, die im Vordergrund der Bilder auch bei Max Ernst präzis wiedergegeben werden, beunruhigen wie bei de Chirico. Die Überschärfe versetzt die Realien in die beängstigende Distanz von Träumen. Für die Wirkung ist entscheidend, dass das Erschrecken an vertraute Gegenstände gebunden bleibt. Denn dieses ist, wie es Freud in Kapitel II von *Das Unheimliche* notiert, auf das «Altbekannte, Längstvertraute» angewiesen. Nur ausnahmsweise durchbricht der Künstler in diesen Jahren das additive System, das in den Bildern die Verwirrung hervorruft. Allein in *Ohne Titel* [5] oder in *Le tricolor, le terrible et la marchande de journaux*[6] (Spies/Metken 636), begegnen wir einer Handschrift, die sich vom Gegenstand befreit und mit der Spontaneität der «écriture automatique» arbeitet. Dabei kommt es zu Konturverzerrungen. Doch der Einsatz von Collagematerial bleibt selbst in diesen freieren Kompositionen spürbar. Die biomorphe Dehnung der Vorlagen, die bis zur Verflüssigung der Silhouetten führt, wird im Anschluss daran in der zweiten Hälfte der Zwanzigerjahre im Werk überhandnehmen. Mehr und mehr spielt dabei das Bewegungsmotiv eine Rolle. Es sorgt dafür, dass die Statuarik der Themen und die symmetrische Ausrichtung regelmäßig verschwinden. Die Passion für Motive, die wie die Mänade oder die Victoria von einem Bewegungssog erfasst werden, teilt Max Ernst mit Aby Warburg. Gombrich notierte über Warburg: «... dass er sich von Anfang an für die Wiedergabe von bewegten Motiven in der Renaissancekunst interessiert hatte, für die flatternden Gewänder bei Botticelli und vor allem für die Figur der ‹Nympha› bei Ghirlandaio, jenes Symbol paganer Leidenschaft und Sinnlichkeit, die die schwerfällige Ruhe des Florentiner Salons gestört hatte.»[7] Wohlgemerkt, auch Max Ernsts Faszination für die Pathosformel der Gradiva führt in die Antike. Wie damals bei Picasso oder Miró bricht gegen Ende der Zwanzigerjahre die Raserei der «Hordenbilder» des Künstlers die Silhouetten auf und verändert durch Verbreiterung oder Längung des Körpers und durch outrierte Gestik den menschlichen Kanon.

Ungemalte Bilder

Wie entscheidend in den Augen Max Ernsts im Vordergrund der vorsurrealistischen Bilder die Bildschärfe ist, belegen die Entwürfe für zahlreiche virtuelle Gemälde, die er wohl aus Zeitgründen nicht im großen Format ausführen konnte. Dazu zählen die kolorierten Collagen für *Répétitions* und *Les malheurs des immortels*. Es wären Bilder mit der Wirkung von *Oedipus Rex* oder *Castor und Pollution* geworden. Wie erwähnt, gab der Künstler die Originale seiner Klebebilder nicht aus der Hand. Wenn er sie ausnahmsweise an Freunde verschenkte, überging er sie mit Farbe, um die Schnittstellen zum Verschwinden zu bringen. Zudem kolorierte er in drei Exemplaren der Auflage von *Les malheurs des immortels* einige Drucke (Abb. 42a, b). In sämtlichen dieser «ungemalten» Bilder bleiben die Details voneinander getrennt und schaffen auf diese Weise einen Stil, der durch präzis gezogene Konturen und das Nebeneinander additiv eingesetzter, zumeist heller Farbtöne bestimmt wird. Das Resultat erinnert an Ausgaben des *Orbis Pictus*, die klare und leicht lesbare Informationen liefern. Und diese bunte Leichtigkeit steckt auch hinter dem Bilderzyklus, den Max Ernst

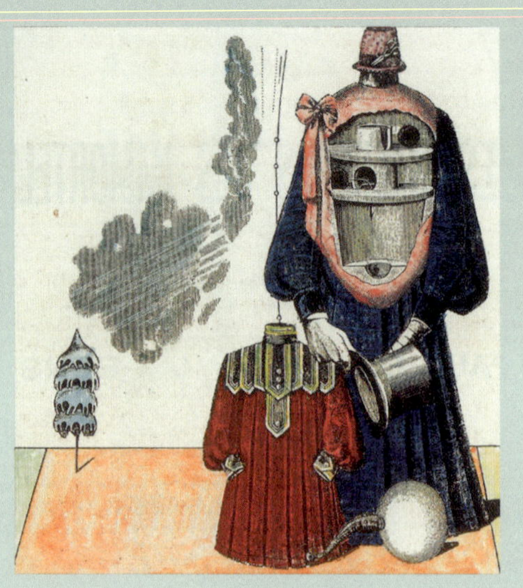

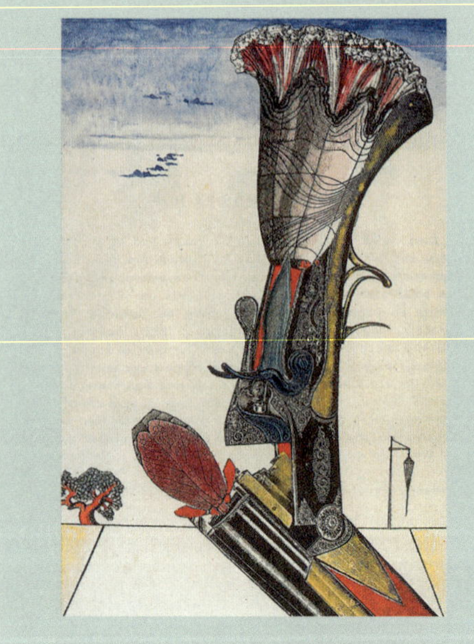

Abb. 42 a, b Max Ernst, *Les malheurs des immortels,* 1922, Museum Würth, Künzelsau

auf den Wänden des Hauses in Eaubonne ausführt, in dem Éluard, Gala und der Künstler ihre «ménage à trois» führen.

Die Koppelung zweier Illustrationen bringt, wie gesagt, eine Version der Glücksgöttin zustande. Doch es ist kaum anzunehmen, dass sich Max Ernst von Beginn an auf die Suche nach einem Motiv machte, das sich mit der ersten Illustration, der Zirkusartistin, zu einer Fortuna verbinden ließe. Es konnte bei seiner Beschäftigung mit alten Illustrationen keine Jagd nach einem ikonographisch präzise assoziierbaren Element geben. Denn im Bereich der Collage spielten für die Zusammenstellung der Elemente nicht zuletzt Größenverhältnisse eine entscheidende Rolle. Die verschiedenen Elemente mussten passen, um ein homogenes Bild hervorzubringen. Und in diesem Fall ging Max Ernst von einer Montage aus zwei deckungsgleichen Elementen aus. Im Bereich der Malerei – das zeigt *Oedipus Rex* – war der Künstler in der Regel freier, er konnte Motive heranziehen, die für die Klebebilder nicht infrage kamen. Im Falle der *Schwankenden Frau* können wir deshalb davon ausgehen, dass er zuerst an eine geklebte, reproduzierbare Arbeit dachte. Dafür konnte er das Ergebnis, eine Darstellung der Fortuna, nur in dem Augenblick ins Auge fassen, da er die zwei sich ergänzenden Illustrationen vor sich liegen hatte. Er blieb auf den

Moment angewiesen, in dem sich diese Funde begegneten und blitzartig amalgamierten. Es ist nicht überliefert, ob vor der Koppelung dieser beiden Elemente andere Kombinationen ausprobiert wurden. Das fertige Bild integriert die Quellen so perfekt, dass sich die Herkunft aus disparatem Material nicht mehr erkennen lässt. Die Wahl der Farben vereinheitlicht die Komposition zusätzlich und sorgt dafür, dass die launische Glücksgöttin/Gala vor dem blassen, von hellem zu dunklem Grau changierenden Himmel den Betrachter gleich einer geheimnisvollen Sinnestäuschung verwirrt.

Rendezvous der Freunde

In Paris malt Max Ernst im Dezember 1922 kurz nach der Übersiedlung aus Köln in dem kleinen Haus von Paul Éluard in Saint-Brice-la-Forêt neben einigen kryptischen Bildern *Rendezvous der Freunde* (Abb. 43), ein Gruppenporträt des dadaistischen und surrealistischen Freundeskreises. Offensichtlich fühlte sich der Künstler sofort in der Gruppe wohl. Das hatte die überwältigende Rezeption seiner ersten Ausstellung «Au delà de la peinture» in der Buchhandlung/Galerie «Au Sans Pareil» angekündigt, die noch vor seiner ersten Paris-Reise von Aragon, Breton, Éluard und Tzara organisiert worden war. Max Ernsts Ankunft erwies sich für Breton als Meilenstein in der Entstehung und Geschichte des Surrealismus. In *Genèse et perspective artistique du surréalisme* resümierte Breton zwanzig Jahre später im amerikanischen Exil: «Anfang 1925, mehrere Monate nach der Veröffentlichung des ‹Surrealistischen Manifests› und mehrere Jahre, nachdem die ersten Texte wie ‹Les champs magnétiques› in ‹Littérature› erschienen waren, diskutierte man noch die Möglichkeit, ob die Malerei die surrealistischen Absichten überhaupt verwirklichen könne (...) Unabhängig davon, was sie in jenem Augenblick auf dem Gebiet des Traums de Chirico schulden mochte oder im Hinblick auf die Einbeziehung des Zufalls Marcel Duchamp, Arp oder Man Ray für ihre röntgenartigen Fotografien und Klee in Bezug auf den partiellen Automatismus, ist es leicht von fern schon erkennbar, dass sie damals im Werk von Max Ernst bereits voll entfaltet war. Tatsächlich hat der Surrealismus seine unmittelbare Bestätigung in seinen Collagen von 1920 gefunden, in denen sich eine völlig neue Auffassung der anschaulichen Ordnungen niederschlägt ...».[1] Die bestimmende Rolle Max Ernsts fasste Breton in den berühmten Ausspruch «Enfin Max Ernst vint». (Cf. Boileau: Enfin Malherbe vint). Doch Breton gab in seinem Blick auf die Geschichte des Surrealismus zu, dass er dies erst nachträglich – «à distance» – erkannt habe. Denn im ersten surrealistischen Manifest hatte er noch provokativ die Rolle der Maler innerhalb der Gruppe der Surrealisten übersehen. Max Ernst erwähnt er nicht einmal in einer Fußnote. Im Übrigen war der Begriff «Collage», den Breton in seinen späteren Schriften verwendet, damals noch ungebräuchlich. Der Streit über die Legitimität

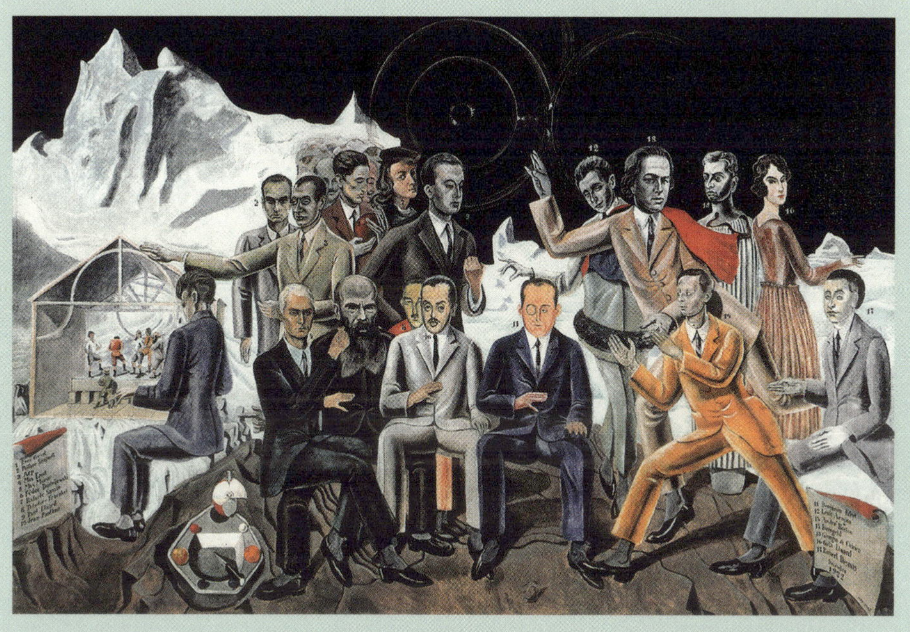

Abb. 43 Max Ernst, *Das Rendezvous der Freunde,* 1922, Museum Ludwig, Köln

surrealistischer Kunst, den Pierre Naville im April 1925 in der dritten Nummer der Zeitschrift von «La Révolution Surréaliste» losgetreten hatte,[2] und auch die skeptische Haltung von Max Morise[3] holten sich, so irritierend dies klingt, im Schweigen Bretons ihre Bestätigung.

Raffaels *Disputà* und der Taubstummenlehrer Philipp Ernst

Auch für dieses Bild gilt: Max Ernst geht von Vorlagen und Anregungen aus. Für die Gesichter zieht er, wie Jürgen Pech gezeigt hat, Jahrmarktfotos heran, die einige Mitglieder der Gruppe von einem Besuch am Montmartre mitbrachten. Die Komposition transferiert Raffaels Disputation über das Altarsakrament in der vatikanischen Stanza della Segnatura (Abb. 44). Raffael taucht denn auch als einziger Künstler der Vergangenheit oben links im Bild auf. Er trägt ein Barett und sucht Blickkontakt mit dem Betrachter. Doch daneben gilt es auf die Kopie der *Disputà* hinzuweisen, in der Vater Philipp Ernst unter den Feinden der Kirche Nietzsche, Schopen-

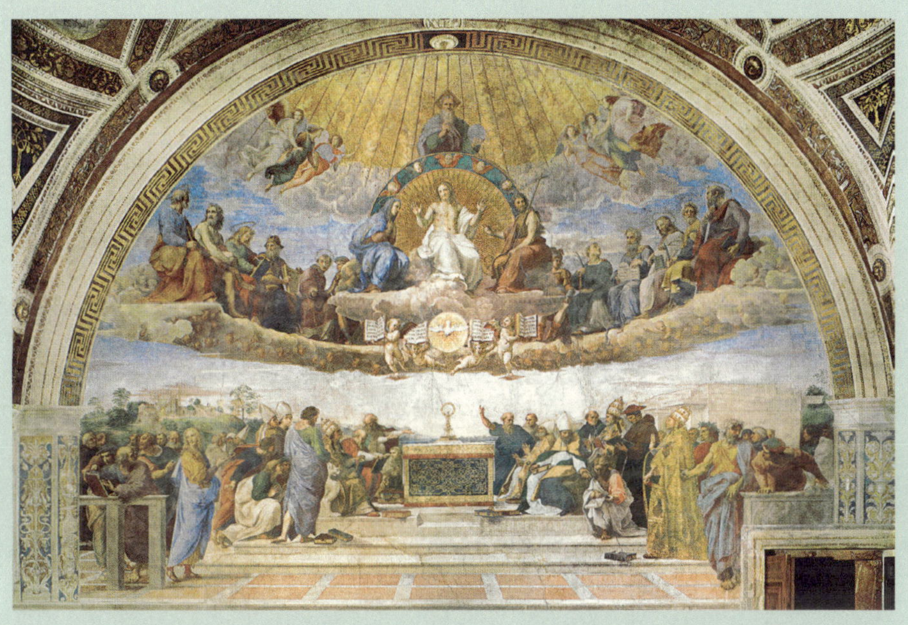

Abb. 44 Raffael, *Disputà,* 1509–1510, Stanzen des Raffael, Vatikanische Museen, Vatikanstadt

hauer, Calvin oder Luther unterbrachte und auf die Leiber der Heiligen und Engel die Köpfe der Familienmitglieder und Freunde transplantierte. Nach Max Ernsts Auskunft galt ihm dieser respektlose Umgang mit einem berühmten Werk der Kunstgeschichte als Manifest für die Freiheit, mit der sein eigenes Collageverfahren die Inhalte von Abbildungen zu manipulieren begann. Wörtlich meinte der Künstler zu diesem Verfahren des Vaters: «Diese Erinnerung hat mir dann später sehr geholfen, denn ich bin mir nicht so ganz sicher, ob ich die ‹Collagetechnik› erfunden (andere haben sie auch gleichzeitig mit mir erfunden) und angewandt hätte, wenn ich nicht das gute Beispiel meines Papas vor Augen gehabt hätte.»[4] Noch etwas erinnert an die Welt des Vaters: es sind die Handzeichen, mit denen die Dargestellten kommunizieren. Dahinter steckt eine Anspielung auf den Beruf des Taubstummenlehrers Philipp Ernst. Doch wie mir Max Ernst versicherte, verbirgt sich hinter den Gebärden im Bild keine entzifferbare Sprache. Sicher, in den abgespreizten kleinen Fingern von Max Ernst, Jean Paulhan und Benjamin Péret, die in der ersten Reihe nebeneinander sitzen, möchte man eine codierte Botschaft vermuten. Wissen wir doch, dass die kaum unterscheidbaren Handbewegungen der Buddha-Figuren jeweils eine kodifizierte, eindeutige Aussage enthalten.

Doch es geht bei Max Ernst nicht um die Verschlüsselung, sondern um die Entfremdung der Sprache, die er bei seinem Studium der Psychologie an der Universität Bonn in Wilhelm Wundts Publikation *Völkerpsychologie* kennengelernt hatte. Wundt beschreibt ethnologisch, religiös und sozial bedingte Geheimsprachen. Darauf spielt Max Ernst an. Er präsentiert eine geschlossene Gesellschaft und stattet die Dargestellten mit einer Kommunikationsform aus, die im Unterschied zur Geheimsprache selbst für Eingeweihte hermetisch bleiben muss. Dazu gehören auch die katatonischen Zuckungen der Körper, die auf den Automatismus infantiler, von den Dadaisten imitierter Verhaltensweisen zurückgehen. Es gilt, Max Ernsts Aussage, dass es sich bei den Handbewegungen im *Rendezvous der Freunde* um keine dechiffrierbare Geheimsprache handelt, in den Vordergrund zu rücken. Es geht ihm, wie wir eingangs dem Gespräch Max Ernsts mit Beckett entnehmen konnten, um die prinzipielle, radikale Absage an Interpretation. Die Objekte in den Bildern, wie die Gesten im *Rendezvous der Freunde* sind leere Hülsen, befreit von jeder belegbaren semantischen Aussage. Wir verfügen mit Max Ernsts Absage an Erklärbarkeit über eine Auskunft, die für das Werk als Ganzes von allerhöchster Bedeutung ist. Denn sie unterstreicht, dass zahlreichen Bildelementen die Rolle von Primzahlen zufällt, die unteilbar für sich stehen und als erratische Aussagen sich mit ihrer eigenen Erscheinung begnügen.

Manches im *Rendezvous der Freunde* scheint dagegen eindeutig auf Beobachtung zurückzugehen und Reales zu kommentieren. Baargelds und Pérets grotesker Pas de deux rechts im Bild kann man mit Fotografien vergleichen, die Arps exzentrische Possen in Gesellschaft von Sophie Taeuber und Mary Wigman wiedergeben.[5] Dies gilt zugleich für die Slapsticks im Bild. In der Körpersprache der Gruppe begegnet man einem «Haltungsecho», «das durch unbewusste Assimilation des Auftretens von Freunden entsteht.»[6] Die Ankündigung dieser Auseinandersetzung und Mimese fremden Verhaltens entdecken wir in den frühen dadaistischen Publikationen Max Ernsts, wie dem Heft «Die Schamade». Hier wird nicht zuletzt die Sprache von Schizophrenen simuliert. Nicht nur die Texte, sondern auch der Ertrag psychopathologischer Kunst – der Bildnerei der Geisteskranken – sollten eine Quelle für die Inspiration des Künstlers abgeben.

Im Bild *Rendezvous der Freunde* sind alle Dadaisten und Surrealisten vereint, die zur Stunde der Entstehung den Segen Bretons hatten. Allein Tristan Tzara, mit dem sich Breton 1922 überworfen hatte, musste in dieser Runde fehlen. Auch finden wir weder Picabia noch Marcel Duchamp, die nie zur Gruppe in engerer Beziehung standen. Es ist ein Gruppenporträt, das zum Genre der Freundschaftsbilder der Romantik zählt, mit dem der Künstler vom

Studium her vertraut war. Links und rechts unten in der Leinwand werden auf zwei Tafeln die siebzehn Akteure im Bild namentlich aufgeführt. Sie gehörten fast alle zu den Autoren der Zeitschrift «Littérature». Dreizehn Personen der Männergesellschaft fixieren den Betrachter. Nur eine einzige Frau, die zudem den Männern den Rücken zukehrt, taucht oben rechts im Gemälde auf. Nichts in der Versammlung verweist auf Bohème. Es sind wohlgekleidete, offensichtlich selbstbewusste Herren, die verschiedenfarbige frisch gebügelte Anzüge und weiße Hemden mit Krawatte tragen. Max Ernst fällt durch eine grüne Kleidung auf. Der Wechsel im Kolorit lässt an eine Vorliebe des Künstlers denken, an die Beschäftigung mit einem Farbenalphabet, das sich in seinem Gedicht «Wie viel Farben hat die Hand» und in den verschiedenfarbigen Umschlägen der fünf Hefte des Collageromans *Une semaine de bonté* wiederfindet. Die Komposition ist überaus ausgewogen. Nichts zerstört den ewigen Frieden, der in dieser Gesellschaft herrscht.

Warteschlange
vor dem Parnass

Sitzende und stehende Figuren, Ruhe und Bewegung sorgen für das Equilibrium. Außer den Porträtierten tauchen hinter Arp und Soupault noch weitere Köpfe auf. Unter ihnen möchte man den kahlen Schädel von Ribemont-Dessaignes erkennen, die anderen Figuren bleiben schematisch und anonym. Offensichtlich stehen sie an und warten auf Einlass in den surrealistischen Parnass mit dem Wunsch, sich einen Namen zu machen und Teil der Freundschaftsmaschinerie zu werden, die Körper, Kleidung und Bewegung zu einer überindividuellen Einheit zwingt. Im klaren Aufbau des Bildes erleben wir die Nachwehen der frühen Arbeiten des Künstlers, die sich ab 1919 mit konstruktivistischen Strichätzungen gegen den Expressionismus zur Wehr setzen. Die Warteschlange, die sich am Eingang zum Parnass staut, lässt an eine Passage in Bretons *Les pas perdus* denken. Dort ist im Beitrag *Clairement* zu lesen: «Mais déjà Jacques Baron, ... Roger Vitrac, Pierre de Massot nous attendent.» Und noch expliziter taucht im *Manifeste du surréalisme* eine Transkription des *Rendezvous der Freunde* auf. Hier schreibt der Autor über die Besucher seines

«Château» in der Nähe von Paris: «Einige meiner Freunde haben sich dort häuslich eingerichtet: hier ist Louis Aragon, der aufbricht, er hat nur noch Zeit, Sie zu grüßen; Philippe Soupault erhebt sich mit den Sternen und Paul Éluard, unser großer Éluard, ist noch nicht wieder heimgekehrt. Hier Robert Desnos und Roger Vitrac, die im Park einen alten Erlass über das Duell entziffern, Georges Auric, Jean Paulhan; Max Morise, der so gut rudert, und Benjamin Péret in seiner Vogelgleichung; Joseph Delteil; Jean Carrive; Georges Limbour (es gibt eine ganze Hecke mit Georges Limbour); Marcel Noll; und hier ist T. Fraenkel, der uns auf seinen Fesselballon hinweist, Georges Malkine, Antonin Artaud, Francis Gérard, Pierre Naville, J.-A. Boiffard, und schließlich Jacques Baron und sein Bruder, beide schön und herzlich, so wie noch viele andere, nun ja, auch entzückende Frauen.»[7]

Max Ernst auf dem Schoß von Dostojewski

Es ist auffällig, dass in diesem Bild Raffael und Dostojewski auftreten (Abb. 45), nicht jedoch Sigmund Freud. Doch Freud ging es, wie Breton bei seinem Besuch in der Berggasse erfahren hatte, nicht wie dem Surrealismus um intransitive unauflösbare Bilder. Ein Bildtitel Max Ernsts spricht dies programmhaft aus: *Die Menschen werden nichts davon wissen* (Abb. 37). Die Beschäftigung mit Dostojewski lässt sich nicht zuletzt auf die Begeisterung André Gides für den russischen Romancier zurückführen. Denn neben Deutschland wird damals, wie sich Sophie Lissitzky-Küppers erinnert, auch Frankreich von einer «Dostojewski-Epidemie» erfasst.[8] In einem Vortrag über Dostojewski im Rahmen der «Conférences du Vieux Colombier» referiert Gide: «Ich habe neulich in einem Interview mit Henry Bordeaux einen Satz gelesen, der mich ein wenig erstaunt hat ... ‹Ein Schriftsteller, der sich sucht, geht das Risiko ein, sich zu finden (...) Der wahrhaftige Künstler bleibt, wenn er arbeitet, immer halb in Unkenntnis seiner selbst (...)› Dostojewski hat sich nicht gesucht; er hat sich in seinem Werk ganz hingegeben.» Dieses Zitat, der Hinweis auf ein offenes Werk, muss Max Ernst angespro-

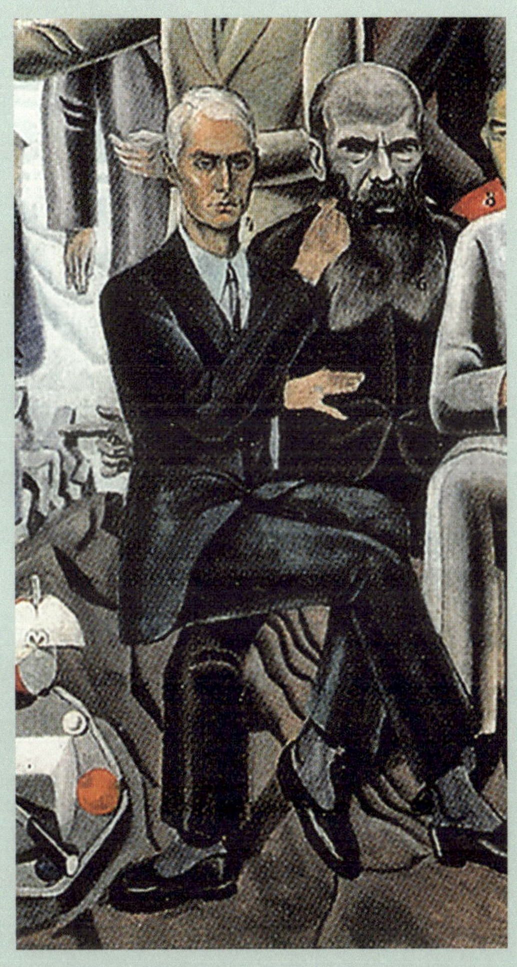

Abb. 45 *Max Ernst auf dem Schoß von Dostojewski,* (Ausschnitt aus Abb. 43) 1922

chen haben. Sein berühmtes Selbstzeugnis nimmt den Satz auf und notiert, ihn leicht modifizierend: »Ein Maler mag wissen, was er nicht will! Doch wehe! Wenn er wissen will, was er will! Ein Maler ist verloren, wenn er sich findet. Dass es ihm geglückt ist, sich nicht zu finden, betrachtet Max Ernst als sein ‹einziges› Verdienst.» Max Ernst sitzt im Bild auf dem Schoß Dostojewskis, nicht nur in Anspielung auf seine russische Geliebte Gala, sondern als Hommage an den verstörenden Autor der Epiphanie, den Agitator des Plötzlichen.

Fürst Myschkins Schock vor einem Schaufenster am Bahnhof von Zarskoje-Selo

Zur Darstellung gibt es eine Skizze, die mehrere Details des Bildes entwirft.[9] Max Ernst übernimmt das Sitzmotiv einer Illustration aus «La Nature».[10] Der ungeheuerliche Schock, den Fürst Myschkin in *Der Idiot* beim Blick in ein Schaufenster in der Nähe des Bahnhofs von Zarskoje-Selo erlebt, oder die Erleuchtung Myschkins in einer bedrückenden Begegnung mit Rogoschin, gehört nicht zuletzt auch zur Biographie Max Ernsts, der beim Blick in die Vitrine eines Ladens für Lehrmittel in Köln sein überwältigendes Erweckungserlebnis erfährt. Die Präsenz von Gala im Bild ist verständlich. Ihr exzessives Verhalten ließ sich mit Dostojewskis dramatischer, sprunghafter Psychologie zusammenbringen. Überaus abfällig hat sich damals Tristan Tzara über die Russin geäußert. Er meinte, nach dem Bericht von Matthew Josephson: «why must that Gala Éluard make it such a Dostojevski drama!» Und er kommentierte: «It's boring, it's insufferable, unheard of!»[11] Max Ernst darf als Einziger im Bild sitzen. Nur noch René Crevel, der auf einem unsichtbaren Instrument spielt und dabei, als Zeichen somnambuler, medialer Zustände, in Levitation gerät, kommt im Bild ohne Bodenhaftung aus. Bereits in der einzigen erhaltenen Ideenskizze zum Bild taucht das Motiv «Mann auf dem Schoß» eines Sitzenden auf. In der Zeichnung dürfen zudem Desnos und Baargeld seitenverkehrt ihren Pas de deux ausprobieren. Und auf dem Blatt sitzt Gala übrigens als einziges Mitglied des Freundeskreises mit abgewendetem Blick auf einem Stuhl, der ihr im Bild jedoch wieder entzogen worden ist.

De Chirico als Säule – die Gesten Arps und Bretons

Präzise Gesten sind im Bild eher selten. Eindrucksvoll ist die Präsenz von Giorgio de Chirico. Er ist als Zeichen für Überlebtes, Vergangenes zur Säule erstarrt. Und er hat keine Hände. Éluard blickt auf die linke Hand, als ob er eben von der Maniküre komme und seine gepflegten Finger bewundere. Es gibt in der Darstellung, die wie die *Disputà* Raffaels und die Freundschaftsbilder statuarisch angelegt ist, im Unterschied zur *Schule von Athen* kaum Bewegung. Nur zwei Gesten stechen heraus. Hans Arp hält den verlängerten rechten Arm ausgestreckt, ja segnend über ein kleines offenes Gebäude, das als Bühne für ein Kabarett dient. Das Schema des Raums lässt sich mit einem architektonischen Aufriss aus «La Nature» vergleichen, den ich in *Collagen* abgebildet habe.[12] In der Zeichnung (*Le gymnase enchanté*) erscheint der Aufbau des Gebäudes erneut.[13] Offensichtlich soll man das Geschehen auf der Bühne mit dem folkloristischen Auftritt von stampfenden Tänzern und Schuhplattlern in der Schweiz auf das tumultuarische Programm Dadas im Zürcher Cabaret Voltaire beziehen. Auch die Berge im Hintergrund verweisen auf die lokale Szene. Die besitzanzeigende Geste Arps findet in der herrischen Handbewegung Bretons einen Widerhall. Breton agiert vor einer völlig verschiedenen Szenerie, vor einem schwarzen Nachthimmel, in den sich Planetenbahnen einschreiben. Auch die Vorlage für die imponierende Weltlandschaft entnahm Max Ernst der Zeitschrift «La Nature». Es handelte sich um ein «Halo solaire observé dans les environs de Neuchâtel en Suisse». Die Himmelserscheinung wurde dort nach Angabe von «La Nature» am 28. März 1892 beobachtet[14]. Max Ernst dreht das Motiv, um es dem Bild einzupassen, um neunzig Grad.

Possenspiel und Erhabenheit

Die hellen Töne kippen ins düstere Schwarz, das im gesamten Himmel dominiert. Das Auftreten Arps und Bretons verbindet Possenspiel und Erhabenheit untrennbar miteinander. Der Handbewegung Bretons antwortet an der gleichen Stelle auf dem Bild Raffaels die Geste eines Kirchenvaters. Doch auch dabei schleichen sich Spott und Ironie ein. Denn die Hostie in der Monstranz ersetzt bei Max Ernst das Monokel von Benjamin Péret. Dieses Spiel mit der Äquivalenz passt zum Arsenal der Provokation und Blasphemie, das im Werk von Max Ernst ständig eine Rolle spielen wird. Doch dass es Max Ernst in seinem ambitiösen Programmbild – dem bedeutendsten Format, zu dem er bisher gegriffen hat – bei aller Scheu vor der großen Geste letztlich um Visionäres und Transzendenz geht, unterstreichen die großartige Bergwelt und die Himmelserscheinung. Dies zeigt an, dass damals, Ende 1922, der dadaistische Geist der Auflehnung bereits nach Überwältigung Ausschau hielt. Die atemberaubende Berglandschaft, die an die Stelle der himmlischen Erscheinungen bei Raffael tritt, bezieht sich wohl auf Max Ernsts Lektüre von Nietzsche, auf den Satz «Philosophie, wie ich sie bisher verstanden und gelebt habe, ist das freiwillige Leben in Eis und Hochgebirge – das Aufsuchen alles Fremden und Fragwürdigen im Dasein, alles dessen, was durch die Moral bisher in Bann getan war.»[15]

Convolvulus Convolvulus

Am Beginn unserer keineswegs erschöpfenden oder systematischen Revue der Welt Max Ernsts stand die von Bändern umgebene, fest gezurrte Frau in der Collage und im Bild *Leimbereitung aus Knochen*. Wir wollen mit einem großen Zeitsprung, der uns in die Vierzigerjahre führt, wenigstens andeuten, dass die thematische Vielfalt und Unergründlichkeit im Werk von Max Ernst auf immer neue Weise Nahrung findet.

Das farbensprühende *Convolvulus convolvulus* (Abb. 46) ist ein Bild der absoluten Verzauberung. Und auch hier geht es wie in *Leimbereitung* um die Umschlingung des weiblichen Körpers. Eine derartige farbige, buhlerische Orgie aus sinnlichen Texturen, in die man sich mit allen Sinnen fallen lassen möchte, wirkt in diesem bestrickenden Œuvre wie eine Offenbarung. Alles fordert dazu auf und warnt doch davor, in dieses liebestolle Paradies einzutreten. Zu offensichtlich erscheint die Gefahr, aus diesem vergifteten Labyrinth nicht mehr zurückkehren zu können. Man ist den erotischen Versprechungen widerstandslos ausgesetzt. Überall blinzeln Teile eines nackten weiblichen Körpers hervor. Arm, Brüste, Schoß, Schenkel verstecken sich hinter giftigen, fleischfressenden Pflanzen und Blumen. Sie ziehen uns an, lassen den Betrachter nicht mehr los, heizen seine Begierde an. Beim ersten Blick schon denkt man an eine der unwiderstehlichsten Verführungsszenen, an Klingsors Zaubergarten im *Parsifal,* der uns blendet und ins Verderben stürzen soll. Die Verwandlung in Blumen, unter denen Wagner diese tödliche Gefahr verkleidet, finden wir bei Max Ernst in den Dreißiger- und frühen Vierzigerjahren ständig. Nicht zuletzt in den verführerischen Flugzeugfallenbildern, deren üppigen Blüten Insekten auf den Leim gehen. Unentwegt begegnen wir Hinweisen auf eine gefährliche weibliche List. Dahinter steckt der surrealistische Mythos von der männerverschlingenden Gottesanbeterin, der Mantodea. Max Ernst greift zu Beginn der Zwanzigerjahre in den Loplop-Collagen auf botanische Illustrationen zurück, auf prunkvolle Schmuckblätter, die Pflanzen wie edel gefasste Einzelstücke präsentieren. Er ergänzt die Blätter, trägt in sie Abkürzungen menschlicher Details, Füße, Hände und Unterleib ein. Und wie immer greift Max Ernst auch in *Convolvulus convolvulus* auf Wörter zurück, die in Zusammenhang mit den Dokumenten stehen, von

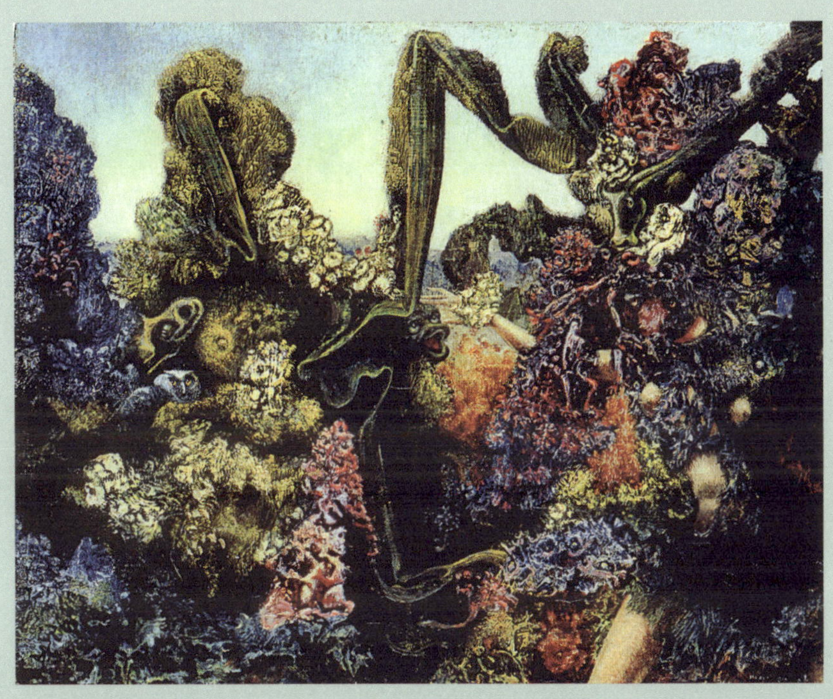

Abb. 46 Max Ernst, *Convolvulus Convolvulus,* 1941, Privatsammlung

denen er sich hat anregen lassen. Wie ein Echo klingt der ursprüngliche Inhalt mit. «Convolvulus» heißt das Windengewächs, die Schlingpflanze, die bis zu hundert Meter in die Höhe zu ranken vermag. Es ist ein Hinweis auf das Verschlingende, das denjenigen, der sich nähert, in seine Umklammerung ziehen möchte. Auffällig ist auch die Form, in der im Bild oben am Himmel mittig ein Pflanzenblatt tänzerisch den Bildraum abtastet. Es verbreitert sich dabei zu einem Band, das sicherlich an das tödliche Lauern einer Kobra erinnern soll. Dieses Motiv wie auch der Bewegungssog, dem die Vegetation unterworfen bleibt, lässt uns nicht mehr los. Bereits zuvor waren zahlreiche Hordenbilder vom Sog einer dionysischen Vehemenz ergriffen. Und Bewegung gehört zu dem, was der Künstler von Anfang an in seinen technischen Erfindungen umzusetzen sucht. Die ausladenden, schlangenähnlichen Bewegungen künden Bilder an, auf denen einige Monate später ein monströser Doppelgänger in *Le Surréalisme et la peinture* vorführt, wie der Künstler zur Technik des Dripping greift, um die Malerei, nicht nur seine eigene, auch die der amerikanischen Freunde, zu einer neuartigen Spontaneität zu führen. In der verführerischen Darstellung verfeinert Max Ernst die Technik der Décalcomanie. Die Rippen der Blätter, das Filigran des Laubs erreichen eine taktile Finesse, die sich sichtbar am Sujet ausrichtet. Es ist nicht von ungefähr, dass sich Max Ernst diesem Motiv, das Haut und Vegetation vereint, zuwendet. Das Thema erscheint in diesen Jahren wiederholt. In den Dschungelbildern treffen wir auf eine Reihe von Variationen, die das Sujet variieren. Körper und Pflanzen vermischen sich zu einem Kontinuum. Der Komplex Tanz, Tänzerin, lockendes Verhüllen oder Enthüllen begegnet uns nach der Ankunft im New Yorker Exil regelmäßig. Doch etwas verleiht *Convolvulus Convolvulus* eine spannende, autobiographische Dimension. Max Ernst malt ein Porträt von *Gypsy Rose Lee*. Es ist, wie er mir erzählte, das Porträt der «ersten Stripteaseuse». Gypsy beschreibt in ihrem Erinnerungsbuch, *Gypsy. A Memoir*, das Outfit, in dem sie Max Ernst damals wohl kennenlernte: «My first strip-tease costume... ten yards of lavender net and three bunches of violets sewn on a flesh-colored leotard.» Die Zeitschrift «VVV», das Sprachrohr der europäischen Surrealisten in den USA, veröffentlichte in der März-Nummer 1943 ein Fragment des Bildes von Max Ernst. Es zeigt Gypsy in einem funkelnden vegetabilischen Environment, halb versteckt hinter Blättern und Dolden. Die Darstellung spielt auf die Bildlegende, «I stripped it leaf by leaf» an, die in Gypsys Memoiren das berühmte, aufreizende Foto John Gilmores begleitet. Gypsy zählt zum Cercle, der sich in New York um die Surrealisten schart. Sie steuert selbst für die Zeitschrift «VVV» eine Collage bei, *Self-*

portrait, die neben dem Bild von Max Ernst abgebildet wird. Gypsy Rose Lee, Romanautorin, später die Frau von Otto Preminger, gehört zu den Malerinnen, die Peggy Guggenheim in ihrer «Exhibition by 31 Women» vorstellt. Und Max Ernst war von seiner damaligen Frau Peggy damit beauftragt worden, in den Ateliers von Künstlerinnen Werke auszuwählen. Max und Gypsy blieben wenigstens vorübergehend in Verbindung; er hatte ihre Adresse 65 West, 56th Street, New York sorgfältig in sein Carnet notiert. Ein Bild Max Ernsts, *A maiden's dream about a lake*, das 1940 entstanden war, befand sich in der Sammlung von Gypsy Rose Lee. Es gab wegen ihr wohl auch eine Auseinandersetzung mit Peggy. Das Bild ist alles andere als ein gefälliges, zufälliges Werk, das zu einem persönlichen Anlass passt. Es lässt sich eine durchgehende Assoziationskette bei Max Ernst nachweisen, die auf die Metamorphosen Ovids anspielt. Eines der poetischsten Blätter, das auf Vegetation und Verbergen zurückgreift, entstand 1936 für Gilbert Lélys Text «Je ne veux pas qu'on tue cette femme». Die Collage lässt sich als Paraphrase des Themas der Daphne lesen, die auf der Flucht vor Apollo ihren Vater Peneios anfleht, sie in einen Lorbeerbaum zu verwandeln. All dies und die Allusionen, die das Werk anbietet, machen *Convolvulus Convolvulus* zu einem unauslotbaren chef-d'oeuvre der Max Ernst'schen Privatmythologie. Und zudem zu einem Bild, das all die Komplexität, die Doppeldeutigkeit und letztlich Unerklärlichkeit in den Werken, von denen die Rede war, noch einmal Revue passieren lässt.

Schluss: Das Konzept der «konvulsivischen Schönheit»

Ohne Max Ernst, ohne Bilder wie «Oedipus Rex», «Ubu Imperator» oder «Leimbereitung aus Knochen» hätte es keine Malerei des Surrealismus gegeben. Diese Feststellung hat kein anderer als André Breton, der Wortführer der Bewegung, getroffen. Max Ernsts Arbeiten unterscheiden sich von all dem, was die Stilkunst zu Beginn der Zwanzigerjahre anbietet. Die Auseinandersetzung mit Futurismus, Kubismus und Expressionismus spielt so gut wie keine Rolle mehr. Es geht um die Überwindung eines anämischen Modernismus. Am ehesten könnte man die Werke der «retour à l'ordre» zuordnen, die in Frankreich am Ende des Ersten Weltkriegs bei Picasso, Derain oder de Chirico zu dominieren beginnt. Die Hinwendung zur klaren Kontur und zu kontrastreicher Farbigkeit steht dabei im Vordergrund.

Die Brüche, die zwischen den Bildern Max Ernsts spürbar werden, verwirren. Etwas Isolierendes umgibt die einzelnen Arbeiten. Allein im Bild, das eine scharfe Grenze zum bisher Gesehenen zu ziehen vermag, kann sich das surrealistische Lustprinzip, das Spiel mit Überraschung und Schock, verwirklichen. Max Ernst liefert für seine Demarche, die unaufhörlich mit Neuem provoziert, eine Begründung: «Ein Maler mag wissen, was er nicht will. Doch wehe, wenn er wissen will, was er will. Ein Maler ist verloren, wenn er sich findet. Daß es ihm geglückt ist, sich nicht zu finden, betrachtet Max Ernst als sein einziges Verdienst.» Diese Aussage könnte man neben Duchamps Äußerung stellen, er wolle mit seinen Readymades dem «Look» ausweichen. Jede neue Wahl eines Readymade brauchte einen Abstand zu den bereits bestehenden Arbeiten. Deshalb habe er mit Ressourcen und Einfällen haushälterisch umgehen müssen. Für Breton bildet das Vermögen, jeweils erneut das Auge in den «Zustand der Wildheit» zu versetzen, die Voraussetzung, um dem «peu de réalité», der Geringfügigkeit des Realen zu entkommen. So darf nicht verwundern, dass seine Definition des surrealistischen Bildes auf formale Kriterien verzichtet. Wichtig ist für ihn die Suche nach individuell erlebter Verblüffung, nach Epiphanie. Und überall treffen wir in den Biographien der Surrealisten auf Erlebnisse, dank denen die kausale Verknüpfung mit der Wirklichkeit schlagartig infrage gestellt wird.

Entscheidend wird für Max Ernst nach der Rückkehr aus dem Ersten Weltkrieg die Erfindung der Collage. Im Umgang mit den *disjecta membra* der Welt spiegelt sich die Erfahrung von Zerstörung und Verstümmelung wider. Fragmente von Körpern, Flugzeuge, Bomben, Skelette gemahnen an die grausame Anschaulichkeit der jüngsten Erlebnisse. Schere, Messer, Prothese, rasante, Papier und Leinwand wie Schrapnells durchpflügende Gestik tauchen als Bildmittel auf. In der Collage wird das Material so ummontiert, dass es seine Identität einbüßt. Die Summe, die zustande kommt, ist nicht einfach die Addition erkennbarer Relikte der Realität. Bei Max Ernst treffen wir auf schockierende, in jeder Hinsicht unverständliche Themen. Freuds «Traumdeutung», die Aussage des manifesten Trauminhalts lassen sich als Referenz heranziehen. Doch sollen im Unterschied zur Psychoanalyse diese Traumbilder nicht gedeutet werden. Auch die Simulation kindlicher Zustände und Rollenspiele, die psychische Defekte und Ausnahmezustände simulieren, dienen dazu, Rätselhaftigkeit hervorzubringen. Die Zurückweisung von Interpretation und Ausdeutung bringt die Bilder Max Ernsts – davon war wiederholt die Rede – in die Nähe von Kafka und Beckett.

Einen gemeinsamen Stilbegriff kann man für die Arbeiten von Max Ernst und Man Ray, Miró, Dalí, Masson oder Tanguy nicht vorschlagen. Der Zusammenhalt und die Wirkung der Gruppe liegen in der Vielstimmigkeit, in der Inszenierung höchster Fremdheit zwischen den Werken. Es geht um eine irreduktible Rätselhaftigkeit. Wenn es etwas Verbindendes gibt, das die Bilder der Maler und die Texte der Dichter, die wir zum Surrealismus zählen, einander anzunähern vermag, dann kann sich dies auf das Konzept einer «konvulsivischen Schönheit» berufen. André Breton hat die berühmte Formel im Schlusssatz von «Nadja» geprägt. Das Wort vermag die Unterbrechungen der Kausalität und den Aufstand gegen Pragmatismus zu beschreiben. Allen Beteiligten ging es darum, Herkunft und Geschmack, die eigene Geschichtlichkeit außer Kurs zu setzen: denn der surrealistische Lebensentwurf lebt vom Kommerz mit irreduktibler Fremdheit, mit imaginativem Exzess, er greift nach einem Zeremoniell, das sich auf die Indienststellung des Disparaten stützt.

Dank

Ich habe all jenen zu danken, die mich immer in meiner Faszination durch Max Ernst bestätigt haben. Erwähnt seien Götz Adriani, Jean-Jacques Aillagon, Eduard Beaucamp, Hanne Bergius, Marie-Laure Bernadac, Marc Blondeau, Karl Heinz Bohrer, Laura Bossi, Pierre Boudriot, Raphael Bouvier, Alfred Brendel, Frieder Burda, Julia Drost, Annerose Dyhr, Amy Ernst, Eric Ernst, Jacques Faujour, David Fleiss, Marcel Fleiss, Thomas Gaehtgens, Jean-Michel Goutier, Peter Handke, Fabrice Hergott, Françoise et Evangeline Hersaint, Mimi Johnson, Sam Keller, Winfried Konnertz, Michael Krüger, Brigitte Léal, David Lynch, Elfriede Neidlein, Jürgen Pech, Maria Platte, Andreas Platthaus, Ingeborg Prager, Gabriele Quandt, Peter Raue, Gérard Régnier, Artur Rosenauer, Elisabeth und Wilhelm Sander, Volker Schlöndorff, Klaus Albrecht Schröder, Victoria und Marc Sursock, Peter Klaus Schuster, Sophie et Jérôme Seydoux, Achim Sommer, Gudrun und Günther Spies, Monika

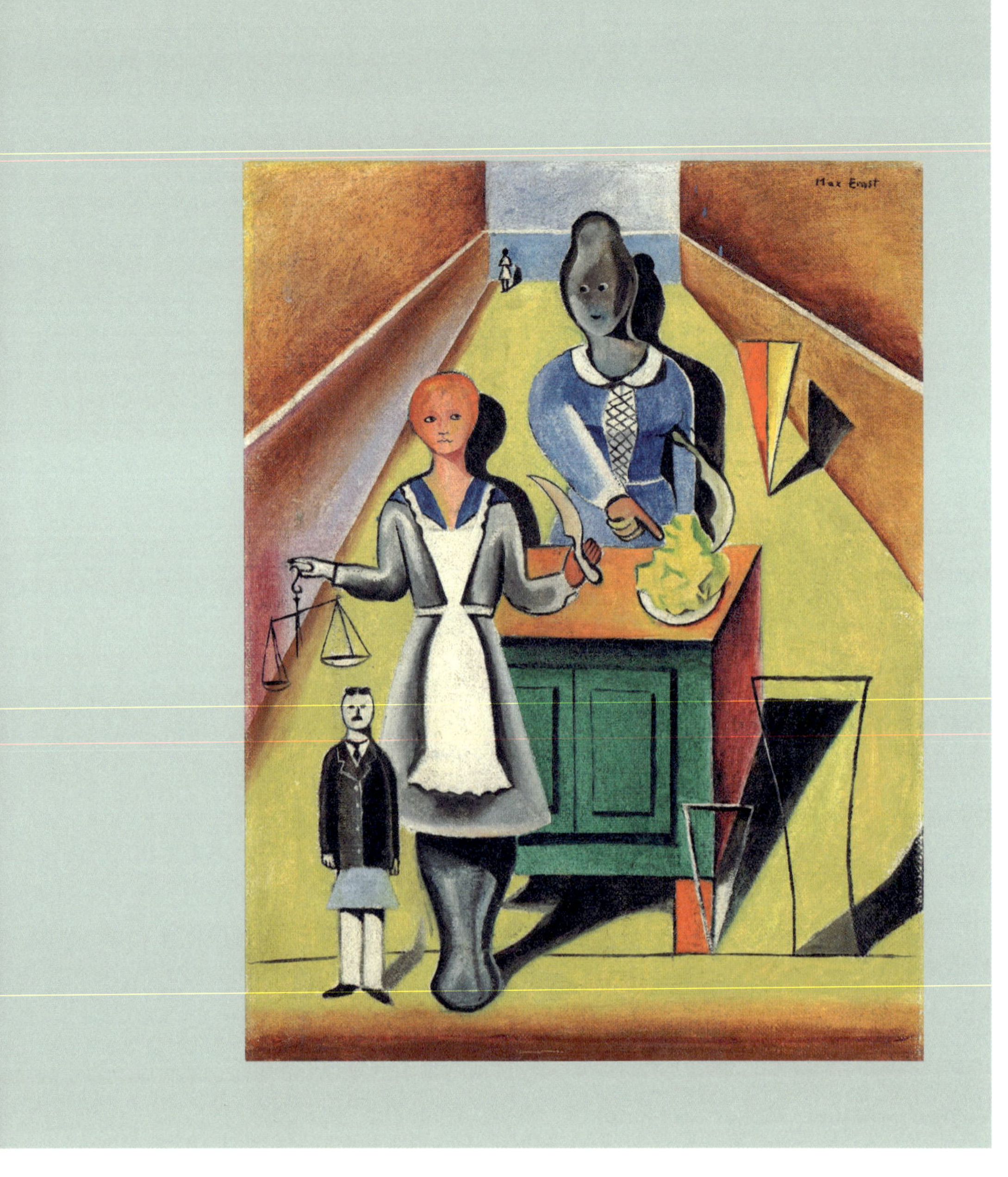

Abb. 47 Max Ernst, *Justitia* – auch *Metzgerladen,* 1919, Privatsammlung

Steinhauser, Hans Peter Thurn, Alexandra Turcat-Spies, Tomi Ungerer, Robert Walter, Sylvia Weber, Ulrich Weinzierl, Wim Wenders, Ulrich Wickert, Jürgen Wilhelm, Gabriele Wix, Reinhold Würth, Armin Zweite.

Mein besonderer Dank gilt Caspar Schübbe, der die Publikation großzügig unterstützt hat wie auch Markus Castor, der unermüdlich viele Fragen beantwortet hat.

Meine Dankbarkeit richtet sich an den Verlag, an Wolfgang Beck und Jonathan Beck. Im Lektorat habe ich in Alexandra Schumacher eine fabelhaft kritische und kompetente Partnerin gefunden. In diesen Dank schließe ich auch Babette Leckebusch mit ein.

Paris, 31. Dezember 2018

Anmerkungen

Mit Beckett bei Max Ernst

1 James Joyce, Stephen Hero, New York, 1944, S. 215
2 Novalis, Neue Fragmente, Nr. 259
3 «Si ce sont les plumes qui font le plumage, ce n'est pas la colle qui fait le collage.»

Leimbereitung aus Knochen

1 Gotthold Ephraim Lessing, Hamburgische Dramaturgie, 102. Stück.
2 «Das Junge Rheinland», 2. Heft, Düsseldorf, 2. November 1921
3 Werner Spies, Sigrid und Günter Metgen, Max Ernst Œuvre-Katalog. 6 Bände, Köln 1975–1998 (Spies/Metken) 359
4 «Le rêve et son interprétation» Die französische Übersetzung lag erst 1925 vor.
5 Cf. Werner Spies, Max Ernst Collagen-Inventar und Widerspruch, Köln 1974, S. 179 f
6 Theodor W. Adorno, Rückblickend auf den Surrealismus, in Noten zur Literatur I, Frankfurt am Main 1958, S. 42
7 «Littérature (nouvelle séries) N° 1. März 1922. Breton hat den Text in Les Pas perdus wieder abgedruckt).

8 André Breton, Entretiens, Gallimard 1952. S. 76. «Freud m'a reçu en 1921 à Vienne et, bien que par un regrettable sacrifice à l'esprit dada, j'aie fournie dans Littérature une relation dépreciative de ma visite, il a eu la bonne grâce de ne pas m'en garder rigueur et de rester en correpondance avec moi.»

9 Alfred Jarry, «Oeuvres complètes», Erster Band, Paris 1972, S. 225

10 André Breton, «Oeuvres complètes», Erster Band, Paris 1992, S. 676

11 Hinweis auf spezifische Holzstiche, die Max Ernst aussucht

Max Ernst und die Totalcollage

1 Als Ort der Publikation ist angegeben: «EN DEPOT AU SANS PAREIL, 37 AVENUE KLÉBER PARIS»

2 Collagen S. 237

3 Collagen S. 239

4 Max Ernst, Ecritures, Paris 1972, S. 265

5 Louis Aragon, «Les collages», Paris 1965, S. 32

6 Walter Benjamin, Glosse zum Sürrealismus, in «Die Neue Rundschau 38», 1927, S. 110f. Wiederabgedruckt unter dem Titel Traumkitsch, in Angelus Novus, Frankfurt am Main, 1966, S. 158

7 Louis Aragon, Les collages, Paris 1965, S. 32

8 Franz Roh, *Nach-Expressionismus*, Leipzig 1925, S. 130

9 «La Révolution Surréaliste», Nr. 12, Paris 1929, S. 34

«Mephistophelische Bilder»

1 *Collagen* S. 239

2 Samuel Beckett, *Proust*, Paris 1990, S. 106

3 «Celebes» ist die ehemalige Bezeichnung für die indonesische Insel Sulawesi.

4 *Collagen,* S. 239

5 Hinweis auf Celebes und Behemoth, siehe Elizabeth M. Legge, Max Ernst, The Psychoanalytic Sources

6 Karin v. Maur, Im Banne des schwarzen Königs, in «Museum Folkwang Essen, Mitteilungen 1974. Band 8», Essen 1975, S. 16.ff

7 Christian Zervos, Projets de Picasso pour un monument, in Cahiers d'Art, Paris 1929, S. 342

8 Cahiers d'Art, Nr. 7–8, Paris 1927, S (263)–265

9 «cette case est faite à main comme un vase, c'est un travail non de maçon mais de potier.» André Gide, a.a.O., S. 263

10 Wortspiel mit sous-marin: «Unterwhiskyisch»

11 (Spies/Metken 268)

12 (Spies/Metken 269)

13 Honore de Balzac, Le chef-d'œuvre inconnu, Ambroise Vollard, Éditeur, Paris 1931.
Einige der Zeichnungen waren bereits 1925 in «La Révolution Surréaliste» (Nr. 2 vom 5. Januar 1925, S. 16–17) publiziert worden.

14 Zervos, VII, 30.

15 Spies/Metken 388

16 Spies/Metken 452

17 Aischylos, *Choephoren*, Übersetzung Droysen

18 Dazu gehören Darstellungen der Tänzerin Gertrud Leistikow.

19 Werner Spies in *An Open-Ended Œuvre*, in Katalog *Max Ernst Dada and the Dawn of Surrealism*, New York, The Museum of Modern Art, 1993. Wieder aufgenommen in Werner Spies, Herausgeber, *Max Ernst-die Retrospektive*, Nationalgalerie Berlin 1999 und Haus der Kunst, München 1999

20 «Dans un des bâtiments il y avait une étonnante collection de sculptures et de peintures exécutées par les pensionnaires malgré eux de cet horrible endroit.« Ecritures, S. 20. Eine nennenswerte Sammlung soll es an dieser Anstalt jedoch nicht gegeben haben.

21 «Il y avait à proximité de Bonn un groupe de bâtiments de sinistre aspect, rappelant sous bien des rapports l'hôpital Sainte-Anne, à Paris. *Ecritures*, 1970, S. 20

22 Bereits 1907 hatte der Autor den Aufsatz *Klinische Studien über die Melancholie* publiziert.

Die heilige Cäcilie

1 Hans Weigert, *Kleine Kunstgeschichte Europas. Mittelalter und Neuzeit*, Stuttgart 1953

2 Stefanie Poley, *Bildquellen zu Sainte Cécile und Ubu Imperator*, Jahrbuch der Staatlichen Kunstsammlungen in Baden-Württemberg, Stuttgart 1983. «Description des travaux qui ont précédé, accompagné, et suivi la fonte en bronze d'un seul jet de la Statue équestre de Louis XV, le bien aimé Dressée sur les Mémoires de M. Lempereur» (Paris 1768)

3 Cf. Werner Spies, *Hineinsehen und Ausbrüten* in *Max Ernst-Loplop. Die Selbstdarstellung des Künstlers*, München 1982

4 Spies/Metken 475

5 Spies/Metken 261

6 Spies/Metken 625

7 Spies/Metken 640

8 Spies/Metken 252

9 Spies/Metken 253

10 Spies/Metken 267

11 Spies/Metken 261

12 Siehe Jürgen Pech *Robert Delaunay, gesehen von Max Ernst* in *Rendezvous bei August Macke. Robert Delaunay – Guillaume Apollinaire – Max Ernst* 1913, Bonn 2003, S. 183–193

13 Brief an den Autor vom 8. August 1970

Oedipus Rex

1 Hans Richter, *Begegnungen von Dada bis heute, Briefe, Dokumente, Erinnerungen*. Köln, DuMont, S. 64.

2 (Première série, p. 227; 237; 238; 242; Deuxième série, p. 31; Troisième série, p. [123; 166]; 197).

3 Ribemont-Dessaignes, in «The Little Review», New York/London, Herbst-Winter 1923–1924, S. 10

4 Spies/Metken 470

Das Jahr '55, sehr sanftes Erdbeben

1 Spies/Metken 411

2 Spies/Metken 374

3 Max Ernst, in Écritures, Paris 1970, S. 12

4 Werner Spies, *Max Ernst-Vox Angelica*

Ubu Imperator

1 cf. Alfred Kubin Aquarellierte Federzeichnung *Kreisel* 20 x 12,5 cm Figur in «Idéalistes et Symbolistes», Paris 1973.

2 Max Ernst *Au-delà de la peinture*, in «Cahiers d'Art», Nr. 6–7. Sonderheft Max Ernst gewidmet.

Castor und Pollution

1 In einem Gespräch versicherte mir 1986 eine Sammlerin, dass ihre Version von *Castor et Pollution* keinen gelben, sondern einen grünen Himmel gehabt habe.

2 *Danger de pollution* in «Le Surréalisme au service de la révolution», Nr. 3, Paris 1931

3 Spies/Metken 465

4 Spies/Metken 465

Die Menschen werden nichts davon wissen

1 «LES HOMMES N'EN SAURONT RIEN. Le croissant (jaune et parachute) empêche que le petit sifflet tombe par terre. Celui-ci, parce qu'on s'occupe de lui, s'imagine monter au soleil. Le soleil est divisé en deux pour mieux tourner. Le modèle est étendu dans une pose de rêve. La jambe droite est repliée (mouvement agréable et exact). La main cache la terre. Par le mouvement la terre prend l'importance d'un sexe. La lune parcourt à toute vitesse ses phases et éclipses. Le tableau est curieux par sa symétrie. Les deux sexes s'y font équilibre. à André Breton/très amicalement/max ernst.»

2 André Breton *Nadja*,Paris 1928, p.122/123

3 «elle (Nadja) s'est longuement expliquée sur le sens particulièrement difficile d'un tableau de Max Ernst (*Mais les hommes n'en sauront rien*), et cela tout à fait conformément à la légende détaillée qui figure au dos de la toile»

Die schwankende Frau Öl auf Wogen: Die Vorlagen aus «La nature»

1 Spies/Metken 318

2 Spies/Metken 294

3 Spies/Metken 293

4 Spies/Metken 295

5 Spies/Metken 625

6 Spies/Metken 636

7 Ernst H. Gombrich, *Aby Warburg, Eine intellektuelle Biographie*, Frankfurt, 1981: S.329

Rendezvous der Freunde

1 André Breton, *Genèse et perspective artistique du surréalisme* (1941), in: *Le Surréalisme et la Peinture*, Paris 1965, S.64

2 Pierre Naville, *Beaux-Arts*, in «La Révolution Surréaliste», Nr. 3, April 1925, S. 27

3 Max Morise, *Beaux-Arts-Les Yeux enchantés*, in «La Révolution Surréaliste», Nr.1, Paris Dezember 1924, S. 26–27

4 Max Ernst *Notes pour une biographie*, in: Max Ernst, *Ecritures*, Paris 1970, S. 11

5 Abgebildet in Katalog *Unter der Maske des Narren*, Stuttgart 1981, S. 135

6 Hans Peter Thurn *Der Mensch im Alltag*, Stuttgart 1980, S. 126

7 «Quelques-uns de mes amis y sont installés à demeure: voici Louis Aragon qui part; il n'a que le temps de vous saluer; Philippe Soupault se lève avec les étoiles et Paul Éluard, notre grand Éluard, n'est pas encore rentré. Voici Robert Desnos et Roger Vitrac, qui déchiffrent dans le parc un vieil édit sur le duel, Georges Auric, Jean Paulhan; Max Morise, qui rame si bien, et Benjamin Péret, dans ses équations d'oiseaux; et Joseph Delteil; et Jean Carrive; et Georges Limbour (il y a toute une haie de Georges Limbour); et Marcel Noll; voici T. Fraenkel qui nous fait signe de son ballon captif, Georges Malkine, Antonin Artaud, Francis Gérard, Pierre Naville, J.-A. Boiffard, puis Jacques Baron et son frère, beaux et cordiaux, tant d'autres encore, et des femmes ravissantes, ma foi. (André Breton «Manifestes du surréalisme», p. 27)

8 Sophie Lissitzky-Küppers, *El Lissitzky*, Dresden, 1967, S. 24

9 Spies/Metken 566

10 Werner Spies *Collagen*, Abb. 620

11 Matthew Josephson, *Life Among the Surrealists*, New York 1962, S. 179

12 Werner Spies *Max Ernst, Collagen*, Abb. 590

13 Spies/Metken 574

14 Werner Spies *Max Ernst Collagen*, Abb. 580

15 Friedrich Nietzsche *Ecce Homo* in *Werke in drei Bänden*, München 1954, Bd. II, S. 1066

Bildnachweis

Nach Büchern zitierte Abbildungen: Werner Spies/Sigrid und Günter Metgen: Max Ernst Œuvre-Katalog. 6 Bände, Köln 1975–1998: **Abb. 47;** Werner Spies/Julia Drost (Hg.): Max Ernst Retrospektive, Berlin/Stuttgart 2013: **Abb. 1, 9, 10, 17, 19, 21, 25, 32, 33, 34, 37;** Werner Spies (Hg.): Max Ernst – Retrospektive zum 100. Geburtstag, München 1991: **Abb. 15, 30, 31, 39;** Werner und Monique Spies: Max Ernst – Frühe Zeichnungen, Brühl 2018: **Abb. 6;** Uwe M. Schneede: Die Kunst des Surrealismus, München 2006: **Abb. 43;** Uwe M. Schneede: Die Geschichte der Kunst im 20. Jahrhundert, München 2001: **Abb. 2;** Jenaro Talens: The Branded Eye – Buñuels Un chien andalou, Minneapolis/London 1993: **Abb. 12;** Christos Joachmides/Norman Rosenthal, Wieland Schmied: Deutsche Kunst im 20. Jahrhundert, München 1986, 1995: **Abb. 5, 13, 23;** Edward Quinn (Hg.): Max Ernst, Zürich/Freiburg i. Br. 1977: **Abb. 22, 28;** William Rubin (Hg.): Pablo Picasso – A Retrospective, New York 1980: **Abb. 16;** William A. Camfield: Max Ernst – Dada and the Dawn of Surrealism; München 1993: **Abb. 7, 14, 26, 27, 35, 38, 40a, b**

© bpk: **Abb. 18, 24, 41, 44**

Personenregister

A

Adorno, Theodor W. 38
Aischylos 95
Antonius der Große, Heiliger 55
Apollinaire, Guillaume 36f., 109
Aragon, Louis 20, 25, 45, 53, 57, 60, 134, 137, 177, 187
Arp, Hans 42, 54, 99, 127, 178, 184, 186, 192f.
Artaud, Antonin 124, 187
Auric, Georges 187

B

Baader, Johannes 99f.
Baargeld, Johannes 31, 99, 184, 191
Balke, Franz 109
Balzac, Honoré de 89
Baron, Jacques 186f.
Baudelaire, Charles 14, 111, 124
Beckett, Samuel 14, 17–19, 23–25, 72, 96f., 183, 205
Bellini, Giovanni 168
Bellmer, Hans 107
Benjamin, Walter 21, 58
Bewick, Thomas 45
Boiffard, Jacques-André 187
Bordeaux, Henry 188
«Boronali, Joachim-Raphaël» 39
Botticelli, Sandro 172
Bouchardon, Edmé 103
Bouvier, Johann 149
Braque, Georges 56, 58, 110
Breton, André 15, 18, 20, 23, 25, 36–38, 42, 53, 67, 78, 123, 154, 157f., 177f., 180, 184, 186, 188, 193, 203f., 206
Brod, Max 144
Buñuel, Luis 68f., 87, 125

C

Calvin, Johannes 182
Carrà, Carlo 170f.
Carrive, Jean 187
Casorati, Felice 170

Chagall, Marc 152
Claude Cahun (Lucy Schwob) 152 f.
Clemens, Paul 110
Cole, Thomas 80–82
Colle, Pierre 35
Collin de Plancy, Jacques 75
Crevel, René 191

D
Dalí, Salvador 69, 79, 87, 206
Darwin, Charles 85, 130 f.
De Chirico, Giorgio 20, 23, 170 f., 178, 192, 203
De Ménil, Jean 128
De Sade, Donatien Alphonse François, Marquis 14, 103, 124
Delaunay, Robert 109 f.
Delteil, Joseph 187
Derain, André 203
Derenthal, Ludger 94
Desault, Pierre-Joseph 123
Descartes, René 18
Desnos, Robert 140, 147, 187, 191
Dix, Otto 67, 108, 170
Dolci, Carlo 103
Donghi, Antonio 170
Dostojewski, Fjodor 20, 72, 152, 188–191
Dreier, Katherine 31
Dubuffet, Jean 152
Ducasse, Isidore «Comte de Lautréamont» 36
Duchamp, Marcel 15, 19, 25, 30–33, 41, 91, 157, 178, 184, 204

E
Eichendorff, Joseph von 129
Éluard, Gala 73, 84f., 94, 124, 165, 175 f., 190 f.
Éluard, Paul 53, 60, 64, 73, 94, 106, 116 f., 123, 126, 130, 132, 134, 160, 165, 175, 177, 187, 192
Ernst, Apollonia «Loni» 109
Ernst, Philipp 103, 180, 182
Ey, Johanna 50

F
Feuchtwanger, Lion 107
Fraenkel, Théodore 187
Frémiet, Emmanuel 85
Frenhofer, Edouard 89
Freud, Sigmund 28, 36–38, 42, 107, 122, 128, 151, 171, 188, 205
Friedrich, Caspar David 106
Friedrich, O. 67

G
Gauguin, Paul 98
George, Stefan 37
Gérard, Francis 187
Geulincx, Arnold 18
Ghirlandaio, Domenico 172
Gide, André 76, 78, 188
Gilmore, John 199
Goethe, Johann Wolfgang von 21

Gogol, Nikolai 152
Goltz, Hans 171
Gombrich, Ernst H. 172
Grosz, George 63, 67, 108
Guggenheim, Peggy 200
Gypsy Rose Lee (Rose Louise Hovick) 199f.

H
Haeckel, Ernst 33
Hasenclever, Walter 107
Hausmann, Raoul 28f., 63, 67
Heine, Heinrich 42
Hessel, Franz 107
Höch, Hannah 63
Hoffmann, E. T. A. 14, 28, 79, 127, 152
Hübner, Arthur Hermann 99

J
Jarry, Alfred 42, 143
Jean Paul (Johann Paul Friedrich Richter) 152
Jensen, Wilhelm 38, 122
Jolas, Eugene 19
Jolas, Maria 19
Josephson, Matthew 191
Joyce, James 18f.
Juan Gris (José Victoriano Carmelo Carlos González-Pérez) 56f.
Jung, Carl Gustav 38

K
Kafka, Franz 14, 87–89, 96, 144, 146, 151, 205
Kiefer, Anselm 107
Klee, Paul 178
Klimt, Gustav 104f.
Klinger, Max 122
Koch, Hans 170
Koch, Pyke (Pieter Frans Christiaan) 158
Koons, Jeff 158
Kubin, Alfred 143f.

L
Lagerlöf, Selma 81
Lang, Fritz 28f.
Lély, Gilbert 200
Leonardo da Vinci 84f.
Lessing, Gotthold Ephraim 27, 39
Lévi-Strauss, Claude 142
L'Herbier, Marcel 28
Lichtenberg, Georg Christoph 42
Limbour, Georges 187
Lissitzky-Küppers, Sophie 188
Ludwig XV., König von Frankreich 103
Ludwig, Emil 75
Luther, Martin 182

M
Macke, August 109
Maeterlinck, Maurice 160
Magritte, René 20

Malkine, Georges 187
Man Ray (Emmanuel Rudnitzky) 84, 127, 178, 206
Mann, Golo 107
Mariette, Pierre-Jean 103
Marinetti, Filippo Tommaso 20f.
Masson, André 206
Massot, Pierre de 186
Meisenbach, Georg 45
Metken, Günter 107, 165, 171
Metken, Sigrid 107, 165, 171
Miró, Joan 172, 206
Mondrian, Piet (Pieter Cornelis) 115f.
Morise, Max 180, 187

N
Naville, Pierre 180, 187
Nietzsche, Friedrich 180, 182, 194
Noll, Marcel 187
Novalis (Georg Philipp Friedrich von Hardenberg) 23, 81, 84, 106

O
Oppi, Ubaldo 170
Ovid 147, 200

P
Parisot, Henri 88
Paulhan, Jean 182, 187
Pech, Jürgen 180
Penrose, Roland 75
Péret, Benjamin 182, 184, 187, 194
Picabia, Francis 43, 184
Picasso, Pablo 56, 58, 76–78, 89, 110, 172, 203
Poyet, Louis 120
Praz, Mario 13
Preminger, Otto 200
Previtali, Andrea 167f.
Proust, Marcel 19, 42, 72

R
Räderscheidt, Anton 107
Raffael 180f., 188, 192–194
Reza, Yasmina 39
Ribemont-Dessaignes, Georges 123, 127, 186
Richter, Hans 115
Riedler, Fritza 104f.
Ripa, Cesare 166
Robert-Houdin, Jean Eugène 125
Roh, Franz 60, 64f.
Rousseau, Henri «Le Douanier» 98
Russell, John 48

S
Schamoni, Peter 24
Schlemmer, Oskar 75
Schlichter, Rudolf 67
Schopenhauer, Arthur 180, 182
Schwitters, Kurt 63
Shelley, Mary 28
Soupault, Philippe 37, 186f.
Spies, Werner 107, 165, 171
Straus, Luise 124
Swift, Jonathan 81

T
Taeuber, Sophie 184
Tanguy, Yves 206
Tom Tit (Arthur Good) 119
Tschichold, Jan 64
Tzara, Tristan 35–37, 55f., 71, 73, 130, 177, 184, 191

V
Van Velde, Bram 18
Villiers de L'Isle-Adam, Auguste de 124
Vitrac, Roger 186f.
Voltaire (François-Marie Arouet) 81

W
Warburg, Aby 172
Weigert, Hans 101
Wigman, Mary 184
Wols (Alfred Otto Wolfgang Schulze) 107
Wundt, Wilhelm 183

Z
Zervos, Christian 76

Mit 47 Farbabbildungen

Gesetzt aus der Neuen Helvetica und der Glypha im Verlag
Druck und Bindung: Pustet, Regensburg
Umschlaggestaltung: Rothfos & Gabler, Hamburg
Umschlagabbildung: Max Ernst, Das Rendezvous der Freunde, 1922/23,
Museum Ludwig Köln © VG Bild-Kunst Bonn 2018
Gedruckt auf säurefreiem, alterungsbeständigem Papier
(hergestellt aus chlorfrei gebleichtem Zellstoff)
Printed in Germany
ISBN 978 3 406 73521 9

www.chbeck.de